Judith Lembke

NEULICH IN MEINEM CAFÉ

JUDITH LEMBKE

NEULICH IN MEINEM CAFÉ

ÖKONOMISCHE GESPRÄCHE BEIM CAPPUCCINO

Frankfurter Allgemeine Buch

Bibliografische Information der Deutschen Nationalbibliothek
Die Deutsche Nationalbibliothek verzeichnet diese Publikation in der Deutschen Nationalbibliografie; detaillierte bibliografische Daten sind im Internet über http://dnb.d-nb.de abrufbar.

Judith Lembke

Neulich in meinem Café

Ökonomische Gespräche beim Cappuccino

F.A.Z.-Institut für Management-,
Markt- und Medieninformationen GmbH
Frankfurt am Main 2009

ISBN 978-3-89981-205-3

Die Beiträge sind zwischen 2006 und 2009 in der Frankfurter Allgemeinen Sonntagszeitung erschienen.

Frankfurter Allgemeine Buch

Gestaltung/Satz
Umschlag F.A.Z., Verlagsgrafik
Titelbild Kat Menschik
Illustrationen Kat Menschik
Satz Innen Nicole Bergmann
Druck/Bindung Messedruck Leipzig GmbH, Leipzig

INHALT

Mein Café – eine Liebeserklärung

Eigentlich wollte ich nur schnell einen Espresso trinken. Ich war neu in der Stadt, Herd und Sofa harrten noch ihrer Lieferung, und so zog ich eines Morgens unfreiwillig entkoffeiniert durch mein Viertel, auf der Suche nach einem Frühstück und vielleicht auch ein bisschen Gesellschaft. Auf Roccos Café stieß ich zufällig, so wie man Lieblingsorte meistens entdeckt: Man kommt vorbei, erwartet nichts, bleibt länger als geplant, kommt wieder und dann immer wieder. Denn mein Café ist genau so, wie ich es mag: Nicht hip, nicht trendig, sondern unaufgeregt zeitlos. Es findet sich garantiert in keinem Reiseführer über die angesagtesten Läden der Stadt und auf den wackligen Stühlen nehmen Bauarbeiter ebenso Platz wie Investmentbanker. Mein Café war auch nicht das erste, in dem Bionade ausgeschenkt wurde, Bier gibt es nur aus der Flasche und die Weinkarte ist ziemlich übersichtlich. Dafür schmeckt der Cappuccino wie auf der Piazza in Siena, und für Roccos hausgemachtes Tiramisu nimmt jeder Gast lächelnd zwei Fastentage in Kauf.

Was dieses Eckcafé aber wirklich zu meinem Lieblingsort macht, ist der Wirt. Er ist der Typ Italiener, der zwar Deutsch spricht wie Giovanni Trapattoni, ansonsten aber einen Familien-Fiat anstatt Ferrari fährt. Das Italienischste an ihm ist neben seiner Liebe zum SSC Neapel die Leidenschaft, mit der er allen Dingen des Lebens begegnet – auch der Wirtschaft. Er behauptet zwar immer, seine ökonomischen Entscheidungen seien allein vom „gesunden Menschenverstand“ geleitet – wer ihn kennt, weiß aber genau, dass sie ebenso impulsiv sind wie die Temperamentsausbrüche, mit denen er die Spiele der Seria A verfolgt.

Vielleicht hält er es auch nur deshalb schon so lange mit dem VWL-Studenten aus, der seit dreieinhalb Jahren im Café kellnert. Der hat zwar noch immer nicht gelernt, wie man den Espresso so kocht, dass er eine Crema bildet und auch sonst ist er nicht der Schnellste, weil er lieber lamentiert als bedient – dafür ist er jedoch berechenbar: ein ungekämmter Misanthrop, der ohnehin alles besser weiß, vor allem, wenn es um Wirtschaft geht. Mal Keynesianer, mal Liberaler – Hauptsache dagegen – hat der VWL-Student mit seinen 26 Semestern Studium von Finanzen, Mikro- und Makroökonomie ohnehin mehr Ahnung als Wirtschaftsweise und Europäische Zentralbank zusammen.

Dem Frondienst in der freien Wirtschaft gibt er sich ohnehin nur so lange hin, wie seine Diplomarbeit noch nicht fertig ist. Davon, dass danach eine große wissenschaftliche Karriere auf ihn wartet, ist zumindest er überzeugt.

Den Traum von der großen Karriere hat die Friseurin schon vor Jahren beerdigt. Ihr würde es schon reichen, wenn ihr Salon so liefe, dass er monatlich eine Gucci-Handtasche und ein Paar Prada-Stiefel abwerfen würde – zumindest, bis der Märchenprinz mit der Platin-Kreditkarte um ihre Hand anhält. Bis dahin schult sie ihren Wirtschaftsverstand mit Boulevard-Lektüre und der Beobachtung von Alltagsphänomenen, auch wenn deren Analyse im Café meistens nur Kopfschütteln hervorruft.

Außer der Vorliebe für starken Kaffee, schwarzgebrannten Grappa und ökonomische Gespräche verbindet uns eigentlich nicht viel. Aber vielleicht ist es bei uns Vieren wie bei einem guten Tiramisu: In seine einzelnen Bestandteile zerlegt ist es ungenießbar, aber in der richtigen Mischung wird es unwiderstehlich.

Judith Lembke　　Frankfurt, im September 2009

Morgenkaffee

Meine Lektüre passt zum Tag. Sie ist genauso langweilig, kalt und grau wie dieser Morgen. Während ich mein Café normalerweise mit einer Zeitung unter dem Arm betrete, habe ich heute Informationsmaterial in gedeckten Farben dabei. Private Lebensversicherung, Fonds-Produkte, betriebliche Altersvorsorge: Alles, womit niemand sich beschäftigen will, anscheinend aber muss, wenn er im Alter nicht verarmen möchte.

Ich breite die Mappen auf dem Tisch aus und bestelle mir erst einmal einen Kaffee. Der Mann am Tisch gegenüber mustert mich kritisch. Er will etwas sagen und weiß nur noch nicht, wie. Plötzlich beugt er sich, ganz vertraulich, zu mir herüber: „Gell, wir Jungen müssen bis 67 schuften, während sich die Rentner heute auf unsere Kosten einen faulen Lenz machen!“ Mitfühlend frage ich ihn, worin denn seine harte Arbeit bestehe. „Ich mache gerade eine Umschulung“, sagt er.

Seit ein paar Wochen fühle ich mich verfolgt. Von toten Katzen, verendenden Schwänen und nun auch noch von einem vergrippten Steinmarder. Bis in meine Träume begleiten mich mittlerweile die Bilder vom Rügener Schwanenabgesang. Mir fällt nur noch ein Zufluchtsort ein: mein kleines Café an der Ecke. Im Fernsehen läuft höchstens die italienische Seria A, und zu lesen gibt es auch nur das, was die Gäste liegengelassen haben. Aber diesmal habe ich mich zu früh gefreut: Schon als ich eintrete, schwant mir Ungutes. An der Bar steht nämlich Udo, der Geschäftsführer der Wienerwald-Filiale gegenüber, und trinkt mit Café-Besitzer Rocco einen Feierabend-Espresso. „Wienerwald – Geflügel – Vogelgrippe“ rattert die zu erwartende Gesprächsabfolge durch meine Gedanken, denn Udo spricht grundsätzlich nur von seiner Arbeit. Und wirklich: Rocco und der Filialleiter der Hähnchenbraterei versuchen sich darin zu überbieten, wer nun mehr zu leiden hat: Rocco unter der Einkommensteuer oder Udo unter der Vogelgrippe? „Kein Mensch will mehr halbe Hähnchen essen“, sagt Udo in einem mitleidheischenden Ton. „Na, und was essen die Leute dann bei euch? Pommes?“, fragt Rocco. Udo verneint und hebt die Stimme bedeutungsschwer „Unsere Kunden essen nun vor allem Putenschnitzel.“ Aber das sei doch auch Geflügel, entfährt es mir. „Stimmt“, sagt Udo. „Aber das merken die Leute nicht, wenn es flach auf dem Teller liegt. Dann sieht es nämlich gar nicht mehr nach Tier aus.“

Dass die Friseurin schon um vier Uhr nachmittags zu Baileys auf Eis greift, muss etwas zu bedeuten haben. Sie hat rote Flecken im Gesicht, zieht den Rauch der Gauloises tief in ihre Lunge. Wild gestikulierend redet sie auf den VWL-Studenten im 20. Semester ein. Er scheint ganz verstört, kellnert er doch erst seit einer Woche in meinem Café. Ich verstehe nur Satzfetzen: „Mehrwertsteuer" höre ich, „Tsunami" und „Autoreifen". Die Kombination der Wörter macht mich neugierig. Mit teilnahmsvollem Blick frage ich nach dem Grund der Aufregung. Die Friseurin wirft ihre blonde Mähne mit den pinkfarbenen Strähnen zurück, und ihre Augen unter den veilchenblauen Kontaktlinsen blitzen. „Wir mussten es mal wieder allen beweisen", sagt sie wütend. „Spenden ist ja schön und gut, aber für diesen Tsunami hat Deutschland mehr gezahlt als England oder Frankreich."

Die Meinung kann man haben, ich verstehe aber immer noch nicht, was der Tsunami mit Mehrwertsteuererhöhung und Autoreifen zu tun hat, und frage nach. „Na, ganz klar", sagt sie. „Deutschland hat nach dem Tsunami viel zu viel Geld gespendet. Um das Loch zu stopfen, müssen wir nun doch 19 Prozent Mehrwertsteuer zahlen. Und im Fernsehen haben sie gerade vorgerechnet, wie viel mehr Autoreifen ab 2007 kosten. Da kann man als arbeitender Mensch doch nur wütend werden!" Triumphierend blickt sie sich um – und schaut in staunende Gesichter. Bei soviel makroökonomischer Logik ist selbst der VWL-Student im 20. Semester sprachlos.

Ich gehe jede Wette ein, dass der schlechteste Kellner Frankfurts in meinem Café arbeitet. Wenn der VWL-Student im 20. Semester bedient, hat der Espresso die Konsistenz von amerikanischem Filterkaffee, und die Mandeltorte ist entweder halb gefroren oder total verbrannt. Aber Rocco ist zufrieden mit seinem neuen Mitarbeiter. Endlich hat er jemanden gefunden, der sich mit der gleichen Inbrunst über die ökonomischen Dummheiten und Ungerechtigkeiten dieser Welt ereifern kann.

Ich lasse mir von der Friseurin gerade die angesagtesten Hairextension-Techniken erklären, als es hinter der Bar auf einmal laut klirrt. Rocco knallt einen Satz Gläser mit Schwung auf die Theke: „Nur weil diese Müslis alle Strom sparen, sind meine Energiekosten so hoch!“ Dass wir die hohen Preise gierigen Energiekonzernen und Politikern zu verdanken haben, weiß ich ja mittlerweile, aber die Schuld der Stromsparer erschließt sich mir nicht sofort. Der Volkswirt in spe will gerade kontern, aber Rocco ist mal wieder schneller: „Na, ist doch klar: Die Stromkonzerne sehen schon zu, wie sie ihre Gewinne halten. Und wenn die Leute weniger heizen, dann machen die von Eon eben höhere Preise.“ Da ist der VWL-Student im 20. Semester allerdings nicht mehr zu stoppen: „So ein Quatsch“, regt er sich auf. „Hier geht es um Angebot und Nachfrage. Durch den Energiehunger in China ist das Zeug begehrt. Und was knapp ist, ist natürlich auch teuer. Wir brauchen mehr Wettbewerb und keinen höheren Stromverbrauch."

Jetzt würde mich interessieren, was die Friseurin darüber denkt, aber der Platz neben mir an der Bar ist leer. Auf dem Weg nach Hause komme ich an ihrer Wohnung vorbei. Ich klingele. Sie ist nicht da. Aber alle Zimmer sind hell erleuchtet.

An diesem Vormittag trägt Rocco einen Gesichtsausdruck, der irgendwo zwischen „total fassungslos" und „vollkommen hilflos" changiert. In der Hand hält er etwa zehn Seiten grünes Papier, beidseitig bedruckt, und neben ihm auf dem Tresen liegt ein Buch mit dem Titel: „Schneller verstehen. Juristendeutsch für Laien". „Willst Du ein Haus kaufen oder eine Firma gründen?", frage ich arglos ob der Tatsache, dass er anscheinend einen mehrseitigen Vertrag begutachtet. „Nein, ich will ein Ferienhaus mieten", antwortet Rocco daraufhin gequält. Ich erinnere mich dunkel. Vorletzte Woche hatte er vollmundig verkündet, nach mehr als zwanzig Jahren in Deutschland wolle er nun auch mal Urlaub „in diese schöne Land" machen und ausnahmsweise Pfingsten nicht zu seiner Großtante nach Bari fahren.

Die Friseurin konnte ihn für Sylt mit dem unschlagbaren Argument gewinnen, dass es dort nicht nur einen Strand für die Kinder, sondern auch einen Cartier-Shop für seine Frau gebe. Das passende Domizil war schnell gefunden. Haus „Watttraum" in Archsum, mit Reetdach, Carport und samstäglichem Bürgersteig-Fegedienst. Eigentlich hätte ihn diese Bedingung stutzig machen müssen. Doch Rocco, in puncto deutscher Ferienhauskultur unerfahren, dachte, seine Urlaubsplanung sei mit einem Anruf erledigt. „Ich schicke Ihnen morgen den Anmietungsvertrag", war die knappe Antwort des Vermieters. Dieses Vertragswerk liegt jetzt in meinem Café und stürzt den Inhaber in tiefe

Verzweiflung. Alleine die Anzahlungs- und Kurtaxe-Regelungen sind so kompliziert, dass sich Rocco trotz solider Deutschkenntnisse alleine nicht zu helfen weiß.

„Was muss ich denn jetzt zahlen?", fragt er und hält dem VWL-Studenten im 20. Semester das Papier unter die Nase. Der holt sofort einen Taschenrechner heraus, um den passenden Logarithmus zu berechnen. Doch das Ergebnis hört Rocco schon nicht mehr. Er hat sich in sein Büro zurückgezogen. Einen Flug nach Bari wolle er buchen, hat er davor noch gemurmelt.

Die Friseurin zupft die Dekoration vom Rand ihres Cocktailglases und knabbert das Stück Ananas bis zur Schale ab. „Ich glaube, ich wandere aus“, seufzt sie. „Sonne, Palmen und ein glückliches Leben – das wär's.“ – „Und Diktaturen, Malaria und Kakerlaken kriegst du in diesen Ländern umsonst mit dazu“, sagt der VWL-Student im 20. Semester, während er ihr Glas abräumt. „Aber doch nicht auf Vanuatu“, empört sich die Friseurin. „Wo?“ fragen der VWLer und ich gleichzeitig. „Na, Vanuatu, das ist ein Archipel im Südpazifik und gehört zu Melanesien“, belehrt uns die Friseurin. „Dort wohnen die glücklichsten Menschen der Welt. Das haben britische Forscher gerade herausgefunden.“

Die Friseurin kramt eine Zeitschrift hervor, blättert ein bißchen vor und zurück, räuspert sich und liest dann vor: „Die New Economics Foundation (NEF) hat den Happy Planet Index erstellt.“ Demnach seien die Menschen in den G-8-Staaten nicht besonders glücklich. Deutschland erreiche nur den 81. Platz von 178 Staaten. Die hinteren Plätze belegten Swaziland und Zimbabwe. Glücklich seien die Menschen auch vor allem in Mittelamerika, Kuba und Vietnam. „Und was soll ich jetzt damit anfangen?“ frage ich verwirrt. „Dass Zimbabwe und Kongo große Industrienationen sind, die Verfasser der Studie Kommunisten sein müssen und man mit wirtschaftswissenschaftlicher Methodik jeden Mist herausfinden kann“, schließt der Volkswirt.

Ein ganz gewöhnlicher Apriltag 2006 in Deutschland. Irgendwo zwischen Ostern, Arbeitslosigkeit und Fußball-Weltmeisterschaft. Und Klinsmann. Und Lehmann. Und irgendwie auch Aufschwung. Dank der WM natürlich. Ich werde von dem Lied „Love Generation", laut Moderator „der absoluten Worldcup-Hymne", geweckt. Unter der Dusche frage ich mich, wie es eine Hymne von einem Ereignis geben kann, das noch gar nicht stattgefunden hat. Noch ohne Antwort, aber hungrig, gehe ich zum Bäcker. „Ein Körnerbrötchen", verlange ich. „Sie meinen das WM-Brötchen?", fragt mich die Bedienung freundlich. Klar, das Brötchen ist aus Roggenmehl, ergo gesund, ergo Sport, ergo WM. Hätte ich mir ja gleich denken können.

Warum der Aufsteller mit Damenrasierern bei Schlecker jedoch mit einer traurig in sich zusammengefallenen Deutschlandfahne und dem Fifa-Logo dekoriert ist, erschließt sich mir nicht sofort. Vielleicht, weil Ronaldinho und Co. auf glattrasierte Damenschenkel stehen? Oder können Fußballerinnen mit haarlosen Waden etwa schneller laufen? Trotz des impliziten Versprechens hat mich das Brötchen nicht wirklich satt gemacht. „Jetzt ein deftiges Frühstück", denke ich mir. Zum Glück ist Rocco mit seiner Deko immer etwas spät dran, im vergangenen Jahr hat er den Weihnachtsbaum auch erst am 26. Dezember aufgestellt. Als ich mein Café betrete, bin ich erleichtert. Sechs Wochen vor Beginn der WM weit und breit keine Fahnen, keine Worldcup-Hits, und vor allem werde ich von den omnipräsenten Erbsengesichtern des Fifa-Grinselogos verschont. Ich bestelle ein Englisches Frühstück. Voller Vorfreude auf Cholesterinschock und fetttriefende Würstchen lehne ich mich zurück. Zu früh. „Für Tisch drei das Beckham-Breakfast", höre ich Rocco in die Küche rufen.

Rocco schaut mich an und strahlt. Vor ihm auf dem Tresen liegt ein riesiger deutschlandfarbener Haufen. „War alles heruntergesetzt“, sagt er fröhlich. Ich wühle ein bisschen in dieser Mixtur aus Autofahnen, Trikots, Socken, Blumenketten, Tröten und Pickelhauben und ziehe ein schwarzrotgoldenes Minikleid heraus. „Was willst du denn jetzt noch mit dem ganzen Kram?“, frage ich und schaudere bei der Vorstellung, morgen müsste ich das Outfit tragen. „Außerdem dachte ich, du seiest Italien-Fan“, sage ich, worauf Rocco mich nur treuherzig anguckt und erwidert, die Fanartikel in Grünweißrot seien aber noch nicht verbilligt gewesen.

Bevor mir etwas Gemeines einfällt, schaltet sich der VWL-Student im 20. Semester ein. „Vielleicht kannst du mit der Deutschlandfahne noch deine belgischen Freunde erfreuen. Einfach auseinanderschneiden und neu zusammennähen.“ Ich schnappe mir eine Tröte: „Wenn man die umdreht, kann man die eigentlich als kleine Blumenvase benutzen.“ Der VWL-Student greift sich die Pickelhaube: „Und wenn wir schon bei Pflanzen sind – den nehme ich als Übertopf für meinen Ficus benjamini.“ Am nächsten Tag bestelle ich mir ein Frühstücksei. „Aber diesmal bitte nicht eiskalt“, rufe ich Rocco noch hinterher. Als er aus der Küche tritt, trägt er Brot, Butter und eine weiße Sportsocke mit schwarzrotgoldenen Streifen auf seinem Tablett. „Und wo ist mein Ei?“ frage ich. „Na, hier drin“ antwortet Rocco und zeigt auf die Socke. „So bleibt es richtig schön warm.“

Verstört blickt Rocco auf die leere Stelle an seinem neuen Sakko, das bis vor ein paar Sekunden noch von einem Knopf zusammengehalten wurde. Der hat sich jedoch mit einem lauten „Plopp“ verabschiedet und seinen Besitzer damit in tiefe Selbstzweifel gestürzt. „Ich verstehe das nicht!“ Rocco schüttelt den Kopf. „Größe 52 hat mir immer gepasst. Und auf einmal machen diese Modefuzzis die Konfektionsgrößen kleiner, obwohl die Menschen immer größer werden. Nur weil die Designer alle magersüchtig sind!“ – „Genau“, pflichtet die Friseurin ihm bei und überhört einfach den VWL-Studenten, der anführt, dass die Größen heute alle weiter geschnitten seien als noch vor 30 Jahren. „Die machen doch keine Mode für Frauen mehr, sondern für elfjährige Jungen“, redet sich die Friseurin in Rage. „Kein Po, keine Taille, Hauptsache flach. Wenn man – so wie ich – sehr schlank ist und trotzdem Kurven hat, findet man einfach nichts von der Stange“, sagt sie und schiebt ihren Push-up-BH-geformten Busen vor. „Und dann erst diese Hosenlängen! Lagerfeld soll mir mal die Frauen mit den 1,20 Meter langen Beinen zeigen!“

Der VWL-Student legt die Stirn in Falten: „Ich habe eher das Problem, dass mir die Hosen zu kurz sind.“ Und fügt dann etwas leiser hinzu, dass Akademiker statistisch gesehen eben auch zwei Zentimeter größer seien als der Rest der Bevölkerung. Aber Rocco hat Feuer gefangen: „Und diese blöden Handys! Die Tasten werden immer kleiner. Wer soll die denn noch bedienen? Säuglinge?“ Plötzlich kramt er unter dem Tresen. „Ich lasse mich von denen nicht mehr zum Narren halten“, sagt er und holt etwas Großes hervor: „Ein Mobiltelefon aus dem Jahr 1988“, erklärt er stolz. „Hab’ ich für nur 600 Euro bei Ebay ersteigert!“

Auf einmal bediente der VWL-Student nicht mehr in meinem Café. Als ich Rocco frage, warum er jetzt selbst die Tische abwischt, zuckt er nur mit den Schultern: „Der Student hat gesagt, er müsse endlich mal etwas für seine Karriere machen", antwortet er. „Nach 20 Semestern will er wohl sein Studium beenden", mutmaße ich, aber – weit gefehlt. „Er macht jetzt ein Praktikum", erzählt Rocco. Als Junior Executive General Managing Assistant bei der Hercules Gourmet Global Marketing Agency International. Rocco setzt seine Kennermiene auf: „Der hat ganz schön Glück gehabt. Sein erstes Praktikum – und dann gleich in so einer wichtigen Position!" Die Bezahlung sei mit 200 Euro im Monat zwar nicht so toll, aber dafür könne er projektgebunden und eigenständig arbeiten. Und auch noch seine Sprachkenntnisse einsetzen!

Am nächsten Tag treffe ich den VWLer in der Fußgängerzone. Ich erkenne ihn nicht auf Anhieb, denn er steckt in einem Ganzkörper-Wurstkostüm und seine Haare sind von einer Senfhaube aus Pappmaché bedeckt. Aber seine krächzende Stimme, die immer wieder „Hercules – try the best Frankfurters in town" ruft, ist unverkennbar.

Jetzt ist der Student ins Café zurückgekehrt. Als er mir gewohnt unfreundlich die Apfelschorle auf den Tisch knallt, frage ich ihn, ob er bei Hercules gekündigt hat – und will ihn gleichzeitig dazu beglückwünschen, diesen

Ausbeutern entwischt zu sein. Aber dazu kommt es nicht: „Nö", sagt er zerknirscht. „Die haben mich rausgeworfen." Ob er etwa nicht genug Würstchen verkauft hat? „Schon", sagt er und guckt auf den Boden. „Aber die haben jemanden gefunden, der besser qualifiziert ist. Andi, ein promovierter Architekt. Außerdem" – und seine Stimme wird leise – „bringt er noch Geld mit, damit er das Praktikum machen darf."

Rocco ist ungehalten. Das erste Mal seit dem Finale ist er aus dem Reich der unendlichen guten Laune wieder zu uns herabgestiegen. „Die können doch nicht einfach das Ladenschlussgesetz ändern“, sagt er fassungslos. „Wer soll denn noch bei mir frühstücken, wenn die Leute sonntags einfach in den Supermarkt gehen können?“ – „Moment mal“, hakt der VWL-Student im 20. Semester ein, „es wird endlich Zeit, dass Tankstellen und Bahnhofsshops sich nicht mehr eine goldene Nase verdienen.“ Vor meinem inneren Auge bauen sich sofort die Münzberge auf, die ich seit meiner Pubertät in überteuerten Billig-Chianti investiert habe, wenn mir um elf wieder einmal einfiel, dass ich auf eine Party eingeladen war und das Geschenk vergessen hatte. „Das ist dann wohl das Ende der Tankstellen-Kultur“, seufze ich.

Wenn auch Minimal 24 Stunden geöffnet hat, werden sich die Schokoladensüchtigen nicht mehr morgens um vier an bestimmten Tankstellen wissende Blicke zuwerfen, während sie ihr letztes Geld für Süßigkeiten zusammenkratzen. Nie wieder wird man zum Held der Party werden, weil man als einziger weiß, wo es um Mitternacht noch Bier gibt. Und nie wieder werden nachts vor einer Tankstelle mehr Fahrräder als Autos stehen. Ich steige auf mein Fahrrad. Mal sehen, wen ich heute im Morgengrauen bei Esso treffe.

So schön es in diesem kleinen Café in der verzauberten Kolonialstadt Granada in Nicaragua auch ist: Ich vermisse Roccos Espresso! Während ich mich noch frage, warum man in einem der größten Kaffeeanbaugebiete der Erde fast ausschließlich Nescafé bekommt, setzen sich zwei Gringos an den Nebentisch. Er habe sich hier gerade eine Privatinsel gekauft, sagt der eine – unübersehbar Ami mit Shorts, Baseballcap und einer hübschen Latina im Arm. „Seit ich vor vier Monaten angefangen habe, hier zu investieren, haben sich die Preise verdoppelt", erklärt er stolz. Mittelamerika sei der neue Wilde Westen, verkündet er seinem Begleiter. „Nur diese Armut kann ich nicht sehen, deshalb habe ich mir auch eine eigene Insel gekauft", sagt er und lacht.

Der andere, ein holländischer Rucksacktourist, hadert unterdessen noch damit, ob er sich einen frischen Papayasaft für 20 Cent gönnen oder doch nur ein Glas Leitungswasser bestellen soll. „Normalerweise esse und trinke ich ja nicht außerhalb", klärt er den Amerikaner auf. Dadurch, dass er in der Herberge selbst koche und jeden Einheimischen runterhandle, könne er bis zu einem Dollar am Tag sparen.

Während meine Freundin und ich uns noch fragen, wie er das macht, obwohl er anscheinend kein Wort Spanisch spricht, fängt er an, auf das Nachbarland Costa Rica zu schimpfen. „Für einen Individualisten wie mich ist das nicht interessant, denn es ist schon viel zu zivilisiert“, sagt er und trinkt einen Schluck Papayasaft. „Und außerdem haben wir Amerikaner da schon die Preise verdorben“, sagt der Ami und kneift seine Freundin in die Wange.

Eigentlich wollte ich meiner sechzehnjährigen Cousine eine Freude damit bereiten, sie ins Frankfurter Nachtleben einzuführen. Aber schon bei der gemeinsamen Inspektion meines Kleiderschranks erlebe ich den ersten Rückschlag. Ganz unbedarft will ich in meine Lieblingsjeans schlüpfen, als meiner Cousine ein spitzer Schrei entfährt. „Du willst doch nicht wirklich diese Jeans anziehen?“, fragt sie und blickt mich entsetzt an. „Die Marke ist ja schon seit Ewigkeiten out! So können wir nicht weggehen, das ist ja peinlich“, sagt sie und deutet auf das Emblem, das auf ihrem Hinterteil prangt. Also eine Jeans von Acne oder Seven, das müsste es schon sein. Am nächsten Tag recherchiere ich im Klamottengeschäft meines Vertrauens und stelle fest, dass keine der Jeans für weniger als 180 Euro zu haben ist. Wie kann eine Schülerin sich das mit ihren 50 Euro Taschengeld bloß leisten?

In meinem Café suche ich Rat bei der Friseurin. „Sag mal, ist deine Jeans auch von Seven und hat 180 Euro gekostet?“, frage ich unbedarft. „Man kann doch keine Seven mehr tragen. Die trägt doch mittlerweile schon jede Kosmetikerin aus Offenbach“, sagt sie, ohne mir zu erklären, worin der große Unterschied zwischen einer Kosmetikerin aus Offenbach und einer Friseurin aus Frankfurt besteht. Nein, die Jeansmarke sei das wichtigste Lifestyle-Indiz überhaupt. „Das ist heutzutage wichtiger als ein Studium oder ein guter Job“, versucht sie mich zu überzeugen. Mein

 Argument, dass es sich dabei doch nur um grob gewirkte Baumwolle handele, lässt sie nicht gelten.

Mit meiner Cousine war ich dann doch noch aus. Das Argument, dass ich zwar keine 180-Euro-Jeans, im Gegensatz zu ihr aber einen Führerschein habe, hat sie schließlich überzeugt.

Neulich habe ich die Friseurin im Fernsehen gesehen. Ich zappte gelangweilt durch alle 32 Programme und blieb an einem Vorbericht zur neuen Staffel der Castingshow „Deutschland sucht den Superstar“ hängen. Auf einmal stand sie da, zwischen den Teenagern, in einem Minirock, den sonst nur 14-Jährige tragen, und sang „My heart will go on“ von Céline Dion. Und zwar so schief, dass ich mich zu Hause auf dem Sofa für sie mitschämte. Die Kritik des Jurors Dieter Bohlen war vernichtend. „Du alte Schabracke“, sagte er in breitestem Missingsch. „Du singst wie ein Frosch, auf den man draufgetreten hat.“

Als ich sie am nächsten Tag in meinem Café treffe, glüht sie vor Zorn. Sie schaut hoch, kneift die Augen zusammen und sagt: „Ich werde mich rächen. Niemand nennt mich ungestraft eine alte Schabracke.“ – „Und was willst du machen?“, frage ich. Triumphierend hält sie die Zettel hoch. „Hier steht's. Nach dem neuen Antidiskriminierungsgesetz darf man niemanden aufgrund seines Alters benachteiligen. Ich klage mich einfach ins Finale ein“, sagt sie und grinst selbstgefällig. Roccos und mein Argument, dass es bei einer Talentshow vor allem auf eine gute Stimme ankomme, lässt sie nicht gelten: „Ich habe ein Anrecht darauf, dabei zu sein“, behauptet sie.

In dem Moment schaltet sich der VWL-Student ein: „Wenn du so sehr auf Gleichbehandlung pochst, darfst du für einen Damenschnitt aber auch nicht mehr verlangen als für einen Herrenschnitt." Schließlich dürfe man keinen wegen seines Geschlechts benachteiligen. Über eine Klage gegen Dieter Bohlen hat die Friseurin nie wieder ein Wort verloren.

Die Friseurin hat wieder angefangen zu rauchen. Das kann nur zwei Gründe haben: Entweder sie will abnehmen oder sie hat Ärger mit Männern.

Dass meine zweite Annahme zutrifft, stelle ich fest, als ich sie ganz unverbindlich frage, wie es ihr denn so geht. „Schlecht", schnaubt sie. „Die Männer sind auch nicht mehr das, was sie mal waren. Ich bin ruiniert."

Fragend schaue ich sie an. „Gestern hat mich dieser Steuerrechtsanwalt Dr. Dr. Bauer zum Essen ausgeführt", erzählt sie und inhaliert tief den Rauch ihrer Mentholzigarette. „Natürlich habe ich immer nur das Teuerste bestellt: Champagner als Aperitif, Austern und dann getrüffelte Rinderfiletspitzen. Als dann die Rechnung kam und ich mich gerade mit einem zuckersüßen Lächeln für die Einladung bedanken wollte, sagte er ‚Und für Sie macht das genau 158,72 Euro'." Sie heult fast: „Wenn ich gewusst hätte, dass ich selbst zahlen muss, wäre ich doch mit diesem Langweiler nie ausgegangen!" Voller Mitgefühl will ich gerade ihre Hand ergreifen, als der VWL-Student im 20. Semester dazwischenfragt. „Wir sind doch nicht mehr im Mittelalter", ereifert er sich. „Wer immer auf die Gleichberechtigung pocht, kann auch seine Rechnungen selbst bezahlen."

 Jetzt funkeln die Augen der Friseurin unter den veilchenblauen Kontaktlinsen schon fast bedrohlich: „Aber das ist doch total gemein. Erstens verdiene ich viel weniger als er, zweitens sehe ich besser aus, und drittens bin ich immer noch eine Frau.“

Am Donnerstag erschien die Friseurin im Café in Begleitung eines schlechtgelaunten schlaksigen Teenagers. Nachdem er zwei große Frühstücke verschlungen und literweise Cola getrunken hatte, schaltete er seinen iPod aus und stellte sich als ihr Neffe vor. Der Girls' Day hatte ihn aus dem Taunus nach Frankfurt verschlagen. Als ich ihn verwundert fragte, warum auch Jungen an einem Girls' Day teilnähmen, zuckte er nur genervt mit den Schultern. Dafür hatte der VWL-Student sofort eine Erklärung parat.

„Na, ist doch klar, wie das ablief", behauptete er. „Da saßen irgendwann die Leute von den Gedöns-Ministerien zusammen und haben überlegt, was sie gegen ihre eigene Unerheblichkeit tun können. ‚Mensch, es gibt doch immer noch zu wenig Frauen in Männerberufen', hat dann bestimmt so eine Doppelnamenfrau gesagt und vorgeschlagen, den Mädchen zu zeigen, wie toll so ein Job als Industriemechaniker oder Schweißer sein kann. Dann haben sie sich entschieden, das Ganze so richtig peppig Girls' Day zu nennen, damit die Teenies nicht auf den ersten Blick merken, dass die ganze Geschichte eigentlich etwas mit Arbeit und nicht mit Spaß zu tun hat. Das Programm lief, bis einer bemerkte, dass es ungerecht sei, die Jungen auszuschließen und ihnen damit die Chance zu nehmen, ihre feminine Seite zu entdecken. Und auf einmal wurden auch Jungen zum Girls' Day zugelassen, was die Aktion ad absurdum führte."

Ich drehte mich zum Neffen der Friseurin um und fragte ihn, ob er sich denn vorstellen könnte, einen typischen Frauenberuf zu lernen. Er tippte sich nur an die Stirn und antwortete: „Ich quäl' mich doch nicht bis zum Abi, um dann später Putzfrau zu werden!"

Ich habe wieder einmal mein Herz verloren. An etwas, das meine Zuneigung nicht verdient, denn es ist ein Ding, zu Gefühlen nicht fähig und außerdem viel zu teuer. Aber wunderschön. Es hört auf den Namen Minotti Copenhagen und ist nicht einfach ein schnödes Sofa, sondern ein Kunstwerk, das wunderbar in mein Wohnzimmer passen würde.

Bei einem Espresso klage ich der Friseurin mein Leid. Ich blättere im Katalog und zeige ihr ein Foto meiner unerfüllten Liebe. Als die Friseurin das Bild sieht, schüttelt sie den Kopf: „Für das Teil willst du doch nicht 10.000 Euro ausgeben? Bei Möbel Bracke gibt es ein Sofa, das genauso aussieht. Für ein Zehntel des Geldes." Rocco und ich gucken sie entgeistert an: „Das ist italienisches Design", bricht es aus Rocco hervor. „Das kann man doch nicht einfach in Castrop-Rauxel nachbauen!" – „Wieso denn nicht?", fragt die Friseurin, hebt ihre Handtasche hoch und schwenkt sie fröhlich hin und her. „Die habe ich in Bangkok gekauft. Sieht doch total echt aus." Sie tippt sich an die Stirn: „Ich gebe doch nicht 500 Euro für eine Louis-Vuitton-Tasche aus, wenn ich die auch für 10 Euro bekomme."

Rocco knallt das Geschirr auf die Theke. „Aber das ist doch Diebstahl geistigen Eigentums! Wenn du Möbel, Klamotten oder Schuhe fälschst, kannst du auch gleich Geld stehlen." Die Friseurin zeigt sich uneinsichtig. Sie habe ein Anrecht auf Luxus, behauptet sie. Und wenn die Sachen so teuer seien, müsse sie sich eben mit Kopien behelfen. Aber Rocco gibt sich nicht geschlagen: „Am meisten werden ohnehin Medikamente kopiert. Spätestens wenn dein Liebhaber eine gefälschte Viagra-Pille geschluckt hat, siehst du die Sache so wie ich.“

Vorsichtig öffnet Rocco das goldglitzernde Papier, in das mein Mitbringsel aus Istanbul eingeschlagen ist. Heraus kommt ein blinkender Nachbau der Hagia Sophia – natürlich zu 100 Prozent aus Plastik. Drückt man auf die Hauptkuppel, beginnt der Muezzin zu rufen. „Ein weiterer Beweis für deine Theorie der islamistischen Weltverschwörung“, sage ich und blinzle Rocco zu, der die Hagia Sophia gerade zwischen Eiffelturm und Big Ben verstaut. Ein Regal in der Bar hat Rocco, der selbst im Urlaub höchstens seine Tante in Bari besucht, für die Erinnerung an die große weite Welt reserviert.

Einträchtig stehen sie nebeneinander: der kleine Stier, den die Friseurin aus Mallorca mitgebracht hat und der mit dem Kopf wackelt, wenn man ihn am Schwanz zieht. Die geschnitzte Holzstatue, die der VWL-Student bei seiner Rucksacktour durch Mali erworben hat. Und natürlich mein Original Panama-Hut. Obwohl – Original? Als ich ihn aufsetze, entdecke ich ein unübersehbares Schild: „Made in China“.

Entsetzt hebe ich den Stier hoch: Dort ist die chinesische Herkunft tief in Plastik eingraviert. Big Ben, Hagia Sophia, Eiffelturm – selbst die Holzstatue, die der VWL-Student angeblich einer Fulani-Frau im Busch abgekauft hat – alle haben die gleiche chinesische Herkunft. Ich fühle mich irgendwie um die Authentizität meiner Urlaubserinnerungen betrogen. Rocco hingegen frohlockt: „Wenn ihr Weltenbummler noch einmal über meine Bari-Reisen lacht. Letztlich landet ihr doch immer in China."

Als ich das letzte Mal vor seinem Regal stand, begehrte ich ihn auf einmal nicht mehr. Bislang hatte ich mich immer unglaublich clever gefühlt, den Champagner bei Aldi zu kaufen. Das Etikett sah zwar nicht nach Ritz Carlton aus, aber die Ergebnisse der Stiftung Warentest waren überzeugend, und außerdem ermöglichte der Preis, dass auf einmal jeder ordinäre Freitagabend spontan zur Champagnernacht werden konnte.

Diesmal verließ ich den Discounter jedoch unverrichteter Dinge und kaufte mir statt drei Flaschen Aldi-Champagner eine Flasche Moët & Chandon. Meine Einsicht, dass billiger Luxus ein Widerspruch in sich ist, habe ich gleich beim nächsten Besuch in meinem Café umgesetzt. Anstatt der zwei großen Ramazotti habe ich mir lieber ein kleines Glas des sündhaft teuren Grappa bestellt, den Rocco immer direkt aus Italien mitbringt und wie seinen Augapfel hütet. Der VWL-Student schaut mich ungläubig an: „Seit wann trinkst du denn schon mittags dieses scharfe Zeug?“, fragt er und stellt das edle Glas auf den Tisch.

Als ich ihm davon erzähle, dass die Zeit des Massenluxus abgelaufen sei, schüttelt er nur den Kopf: „Das ist doch Quatsch. Die Deutschen wollen Bio-Fleisch essen, Kaschmirpullis tragen und einen exquisiten Service bekommen, sind aber nicht bereit, dafür zu zahlen.“ Er zuckt mit den Schultern: „In diesem Land geht es doch immer nur um den Preis“, sagt er und wirft einen resignierten Blick auf die Friseurin, die gerade 20 Cent Trinkgeld aus ihrem Gucci-Portemonnaie kramt.

Genau vor meinem Café parkt ein Sprinter mit polnischem Kennzeichen. Die Tür geht auf, und zehn muskulöse Männer im Blaumann springen von der Ladefläche. „Was ist denn hier los?“ frage ich Rocco. „Na, ich will doch umbauen, und so ein Baulude hat mir einige Polen besorgt“, antwortet er fröhlich. Die Friseurin runzelt die Stirn: „Also auf diese Leute aus dem Osten kann man sich doch nicht verlassen. Die sind doch immer nur am Saufen.“ Rocco blickt uns beide verschwörerisch an. „Meine ganz bestimmt nicht, die sind ein echter Glücksgriff. Das sind nämlich Adventisten, und die dürfen schon aus Glaubensgründen keinen Alkohol trinken. Statt Wodka saufen die literweise roten Tee.“ Die Friseurin ist begeistert. „Meinst du, dieser Vermittler hat auch Frauen im Angebot? Ich suche doch eine Gesellin, und die Deutschen sind immer so anspruchsvoll.“ – „Nimm doch eine Pakistanerin“, wirft der VWL-Student ein. „Bei Studien zu Entwicklungsmöglichkeiten von Frauen belegen die regelmäßig den letzten Platz.“

Als ich am nächsten Tag am Friseursalon vorbeigehe, hängt dort ein Schild: „Suche pakistanische oder afghanische Friseurin. Logis und roter Tee kostenlos. Burka nicht erwünscht.“

Der VWL-Student hält mir ein Faltblatt unter die Nase. Das Titelbild zeigt einen Mann im Unterhemd, der eine Flasche Billigbier in die Kamera hält. „Alle reden über die Unterschicht. Ich verdiene Geld damit“, sagt der VWL-Student stolz. Auf meine Frage, ob das Thema nicht mittlerweile ausdiskutiert sei, entgegnet er nur barsch, Unterschichttourismus sei ein bombensicherer Zukunftsmarkt. Schließlich drifte die deutsche Gesellschaft immer weiter auseinander. „Hier, lies selbst“, fordert er mich auf.

„Alle reden über die Unterschicht“, steht kursiv auf Hochglanzpapier gedruckt. „Poverty-Tours bietet Ihnen die einmalige Gelegenheit, das Phänomen hautnah mitzuerleben. Genießen Sie den atemberaubenden Sonnenuntergang über Berlin aus dem 20. Stock eines Marzahner Plattenbaus. Tauchen Sie ein in die faszinierenden Strukturen eines kurdischen Clans mitten in Hamburg-Wilhelmsburg. Und genießen Sie die einfache, aber herzhafte Kost, die eine Münchner Rentnerin aus Lebensmittelspenden zaubern kann. Zum Beispiel unsere Tagestour für 97 Euro: Nachdem unser Chauffeur Sie morgens abgeholt hat, begleiten Sie einen echten Arbeitslosen auf das Arbeitsamt. Danach genießen Sie mit einer originalen Hartz-IV-Familie Currywurst mit Pommes. Am Nachmittag lädt die Familie Sie ein, mit ihr Gerichtsshows zu schauen. Für die Unterhaltung der Jüngsten sorgt eine Playstation mit den neuesten Kriegsspielen. Bei Bier und Korn in ‚Irmchens Eck‘ erfahren Sie mehr über die Lebensweise der Unterschicht. Danach bringt Sie unser Fahrservice sicher nach Hause. Wir versprechen Ihnen: Diesen Tag werden Sie nie vergessen!“

Das kann Rocco auch mit einem doppelten Espresso nicht wieder gutmachen. Auch nicht, wenn er mir einen Grappa und eine XL-Portion Tiramisu dazugibt. Schon von weitem lässt das grasgrüne „Hotspot"-Schild oberhalb der Eingangstür Böses erahnen. Als ich eintrete, kommt Rocco mir schon freudestrahlend entgegen: „Ich habe jetzt einen Anschluss hier im Café! Jetzt kannst du auch von hier aus ohne Probleme deine E-Mails checken!" Ich fühle mich, als sei mir mein letzter Rückzugsort geraubt worden. Der einzige Platz, an dem ich lesen kann, ohne von diesem gelben Briefumschlag gestört zu werden, der stets am rechten Rand meines Bildschirms auftaucht und mir „Öffne mich, öffne mich!" zuzurufen scheint.

Ich tröste mich, dass ich den Laptop einfach in der Tasche lasse und mich in Ruhe dem Artikel über die neuen Erkenntnisse in der Salier-Forschung widmen kann, den ich schon seit zwei Wochen herumtrage. Aber schon im zweiten Absatz frage ich mich, warum Konrad der Rote wohl diesen Zusatznamen bekommen hat. Ich könnte ja mal schnell bei Wikipedia nachschauen. Ich ermahne mich aber zur Geduld. Doch spätestens im dritten Absatz bei Otto dem Grimmigen und Heinrich Ohneverstand gebe ich meiner Neugier nach.

Kaum ist der Computer hochgefahren, blinkt schon das gelbe Outlook-Symbol. „Lass dich nicht ablenken, das ist ohnehin nur Werbung", rät der Verstand. „Du könntest die wichtigste Mail deines Lebens verpassen", flüstert die Neugier. Natürlich ist sie stärker. Ich öffne die Mail mit dem Betreff „urgent". Sie kommt von einem neuen Online-Selbsthilfeportal. „Internetsüchtig? – wir können helfen", verspricht die Überschrift.

Zum Glück gibt es in meinem Café Wireless Lan. So kann ich beim besten Espresso der Stadt auf die Suche gehen. Gerade habe ich Sebastian wiedergefunden. Im Internet. Zu Abizeiten sind wir jedes Wochenende um die Häuser gezogen, haben uns gemeinsam durch Führerscheinprüfung und zweiten Liebeskummer gelitten, bis er dann zum Studieren nach London ging und ich nach Heidelberg. Und dieser Chaot arbeitet jetzt als Arzt in Berlin.

Das hätte ihm damals wohl keiner zugetraut. Am meisten erstaunt mich aber, dass er auch Miriam, eine Freundin von mir aus Frankfurt, kennt. Und noch Kontakt zu Vanessa hat, einer alten Klassenkameradin, die mittlerweile in Schweden lebt. Der habe ich gleich eine E-Mail geschickt. Und Sebastian natürlich auch. Kurz vor Weihnachten treffen wir uns jetzt alle in unserer alten Lieblingsbar.

Auch wenn Open BC jetzt als Xing an die Börse gegangen ist, weiß ich nicht, ob dieses Netzwerk schon jemals irgendwem zu einem Job oder einem Geschäft verholfen hat. Ich kenne auf jeden Fall keinen. Dafür hat es seinen Mitgliedern schon über einige langweilige Stunden hinweggeholfen und viele Aha-Effekte beschert. Zum Beispiel, dass Robert, dieser Angeber aus der Parallelklasse, in Papas Autohaus anstatt als Starregisseur arbeitet. Xing ist wirklich großartig!

Der Konjunktiv macht mir schlechte Laune. Ich könnte jetzt auf dem Weihnachtsmarkt sein. Oder im Kino. Oder einfach faul auf dem Sofa liegen. An den meisten Orten dieser Welt wäre ich lieber als hier im Fitnessstudio, auf dem Crosstrainer, wo sich eine Minute so lang anfühlt wie im Hochsommerstau ohne Klimaanlage.

Immerhin habe ich laut Anzeige mittlerweile 112 Kalorien – oder auch zweieinhalb Zimtsterne – verbraucht und beschließe, mich für diesen Einsatz mit einer heißen Schokolade zu belohnen. Die Friseurin hat Verständnis: „Ich melde mich auch immer wieder im Fitnessstudio an, gehe einen Monat hin und dann nie wieder. Ich kündige den Vertrag aber auch nicht, weil ich mir fest vornehme, morgen ganz sicher wieder zu trainieren."

Dem kann ich nur zustimmen. Bei der Modellierung des Homo oeconomicus hatten seine Erfinder gewiss nicht den gemeinen Fitnesstrainierenden vor Augen. Der meldet sich nämlich bewusst im teuren Luxusstudio an, weil er glaubt, viel Geld auszugeben motiviere ihn, dort auch zu trainieren. Und wenn er das Angebot nicht nutzt, kündigt er deswegen nicht den Vertrag, sondern bildet sich ein, der Geldverlust sei die gerechte Strafe für seine Faulheit.

Dem stimmt sogar der VWL-Student zu. Er habe schon immer gesagt, dass Fitnesstraining die moderne Form der

 Selbstgeißelung sei, behauptet er. Und grinst: „Allerdings solltet ihr nicht vergessen, dass Flagellanten früher auf dem Scheiterhaufen gelandet sind.“

Pünktlich zu Weihnachten beginne ich wieder, an die Vorbestimmung zu glauben. Bis zum zweiten Weihnachtstag, wenn das Fest mit einem trockenen Truthahn bei Tante Renate endet, weiß ich in jeder Minute genau, was in der nächsten passieren wird. Am 23. Dezember feiern wir immer Vorweihnachten bei Rocco. Es gibt Panettone und Limoncello, und Rocco besteht darauf, dass wir uns alle rote Zipfelmützen aufsetzen. Der VWL-Student ist beleidigt, weil wir über seine lieblose Weihnachtsdeko lästern. Die Friseurin ist schon um halb zehn betrunken, obwohl sie sich immer nur „ein Mini-Schlückchen" Likör nachschenken lässt, das aber in immer kürzeren Abständen. Wie jedes Jahr wichteln wir. Nachdem es im vergangenen Jahr zum Eklat kam, weil der VWL-Student Rocco beim Scheußlichkeiten-Wichteln den Nasenhaarschneider schenkte, den er einen Monat zuvor von der Friseurin zum Geburtstag bekommen hatte, haben wir uns wieder für die traditionelle Variante entschieden. Ich habe die Friseurin gezogen. Eigentlich wollte ich ihr Konzertkarten schenken, aber weil ich es nicht mehr zur Theaterkasse geschafft habe, entscheide ich mich für einen Gutschein.

Als vor meinem inneren Auge alle Abendessen, Kurzurlaube und Kinobesuche vorbeiziehen, die ich in den vergangenen Jahren zwar verschenkt habe, die aber nie eingelöst wurden, beschleicht mich das schlechte Gewissen. Ich bin mir sicher: Würden alle Weihnachtsgutscheine dieses Mal auch eingelöst, hätten die Ökonomen sicherlich keinen Grund, über die schwache Binnennachfrage zu klagen. Ich nehme mir fest vor, mich dieses Jahr zu bessern. Der Vorsatz hält so lange, bis ich mein Wichtelgeschenk öffne. Es ist ein Gutschein.

Ein Glas Wein zum Mittag

Als ich mein Portemonnaie öffne, bekomme ich einen Schreck. Der einzige Schein, den ich dabeihabe, will so gar nicht zur gefahrenen Kurzstrecke passen. Innerlich auf ein Donnerwetter des Fahrers eingestellt, schildere ich ihm meine Situation. Aber es kommt ganz anders: „Macht nichts", sagt der Taxifahrer fröhlich und öffnet sein Handschuhfach. Er holt etwas heraus, was den irreführenden Namen „Falscher Hase" trägt, sich aber auf den zweiten Blick als Tiernahrung entpuppt. „Ich gebe Ihnen einfach Hundefutter für den Rest." Mein Argument, dass ich gar keinen Hund habe, kann ihn auch nicht überzeugen. „Hier in der Ecke gibt es aber viele Hunde", sagt er bestimmt. Auf die Frage, warum er denn mit Tiernahrung im Handschuhfach herumfahre, reagiert er nicht ganz so souverän: „Na ja, ich dachte, Hundefuttervertrieb als Zweitjob sei eine Super-Geschäftsidee. Vom Taxifahren alleine kann man nicht leben."

Als ich am nächsten Morgen die Friseurin in meinem Café treffe, berichte ich ihr von meiner nächtlichen Begegnung. Sie ist keineswegs verwundert über die Jobmischung. „Heute hat man eben zwei Berufe", sagt sie. „Ich bin schließlich auch nicht nur Friseurin, sondern gleichzeitig auch Psychologin und Künstlerin", gibt sie zu bedenken. Und beginnt dann zu erzählen, was es neuerdings noch alles gibt: Feinkostläden mit Fußmassage, Fastfood-Filialen mit Diätberatung, Tattoostudios mit Devotionalienhandel. Ich habe nur einen Job. Aber dafür 30 Schalen Hundefutter auf der Hutablage.

Es gibt viele Gründe, am Samstag nicht zu Ikea zu gehen. Der augenscheinlichste ist wahrscheinlich der Stau, der an der Autobahnabfahrt beginnt und sich bis an eine der 23 Kassen fortsetzt. Am härtesten trifft mich jedoch immer das Gefühl, im Ikea-Reich kein Individuum, sondern nur noch unfreiwilliger Teil einer blau-gelben Bewegung zu sein. Alle sind mit riesigen Tüten bepackt, in die sie Dinge stopfen, die sie nicht besitzen wollten, wäre es nicht so ein Kampf gewesen, sie zu ergattern.

Die Pflichtlektüre der fiktiven Wohnzimmerbewohner scheint Salingers „Fänger im Roggen" zu sein, und alle verspeisen zur Mittagszeit gemeinsam Hackfleischklopse, die hier Köttbullar heißen, und trinken dazu Schorle aus Bioäpfeln.

Richtig überzeugt, in einem sozialistischen Kinderheim gelandet zu sein, bin ich aber erst, wenn ich auf die Schilder blicke, die mich überall umgeben. „Vielen Dank, dass du dein Tablett selbst wegräumst", steht da zum Beispiel geschrieben und ruft bei mir sofort das Verlangen hervor, das Tablett einfach stehenzulassen.

„Du bist doch total spießig", findet die Friseurin, als ich mich in meinem Café darüber beschwere, von den Ikea-Schildern ungefragt geduzt zu werden. Der VWL-Student grinst nur süffisant: „Im schwedischen Volksheim gibt es eben keine Benachteiligten oder Privilegierte. Da die Schweden diese Vision im eigenen Land nicht durchsetzen konnten, tarnen sie sie eben als Möbelunternehmen und versuchen es im Ausland."

Die Friseurin blickt mich prüfend an: „Sag mal, du schreibst doch jede Woche für diese Zeitung?“, konstatiert sie. „Ist das nicht ein bisschen altbacken? Eine Videokolumne wäre doch viel cooler!“ Ich weiß nicht so recht, was ich darauf antworten soll, und recherchiere erst einmal im Internet. Und wirklich: Heute wird auf alles, was sich in Redaktionen bewegt, eine Kamera gehalten. Das allein wäre noch nicht so schlimm, würde nicht der Inhalt dann – Web 2.0 sei Dank – ins Netz hochgeladen: ungeprüft, ungeschnitten, unbedacht. Ich fühle mich an die Zeit erinnert, als die ersten Camcorder aufkamen.

Wie ein Damoklesschwert hingen damals die Einladungen zu Tante Herthas Urlaubsabenden über der Familie. In ihrem Partykeller warteten Häppchen und nicht enden wollende Urlaubsvideos. Drei Stunden blaues Meer, Tante Hertha im roten Pareo am Strand; blauer Himmel, Tante Hertha im grünen Pareo am Strand. Alles unterlegt mit Onkel Klaus’ Kalauer-Kommentierung: ungeprüft, ungeschnitten, unbedacht. Damals habe ich mir geschworen, nicht alles zu nutzen, was technisch möglich ist. Das werde ich der Friseurin erklären. Und wenn sie es nicht versteht, leihe ich mir ein altes Urlaubsvideo von Tante Hertha.

100% Cashmere

Als ich mein Café betrete und die Friseurin am Tresen sitzen sehe, traue ich meinen Augen nicht recht: Anstatt des obligatorischen Glitzerschals trägt sie auf einmal ein Palästinensertuch, wie es sonst in Deutschland entweder Mitbürger mit nahöstlichem Migrationshintergrund oder politisch halbgebildete Teenager tragen. „Hast du dir das Teil in deinem letzten Tunesien-Urlaub aufschwatzen lassen?", frage ich sie und ziehe an einer der Troddeln, die ihr am Hals herabhängen. „Wie kommst du denn darauf?", fragt sie erstaunt und fährt fort, ohne meine Antwort abzuwarten: „Das ist von Lala Berlin, dem neuen Top-Label. Selbst Claudia Schiffer trägt das. Ein absolutes Must-have aus 100 Prozent Cashmere, total weich!" Während ich den Schal befühle, frage ich mich, ob ich die Friseurin auf die politische Symbolkraft ihres neuen Lieblingsaccessoires ansprechen soll oder ob ich mich dann wie mein ehemaliger Gemeinschaftskundelehrer fühlen muss. Aber der VWL-Student ist wieder einmal schneller: „Ach, und das Existenzrecht Israels erkennst du jetzt auch nicht mehr an, weil Claudia Schiffer Lala Berlin trägt?", fragt er und legt seine Stirn in Falten. „Was ist denn das für eine blöde Idee, mir hat einfach das Muster gefallen", kontert sie. Aber der VWL-Student gibt sich noch nicht geschlagen: „Und wenn der libysche Look auf einmal in ist, wirst du zum Gaddafi-Fan?", fragt er sie. Daraufhin guckt die Friseurin ihn nur kopfschüttelnd an: „Was du schon wieder für einen Unsinn redest. Du hast echt keine Ahnung. Der Ahmadineschad aus dem Iran ist doch viel stylischer!"

Mein Café ist herausgeputzt wie eine neapolitanische Braut. Überall blinkt und strahlt es, und die Tische brechen unter ihrer überbordenden Dekoration fast zusammen. Mittendrin steht Chiara, Roccos zweitjüngste Tochter, und empfängt mit huldvoller Geste die Geschenke zu ihrer Erstkommunion. Ich habe mein Präsent schon abgeliefert, das zwar mit einem angedeuteten Knicks bedacht, dann aber zu all den anderen auf den Tresen gestellt wurde.

Ich stehe etwas abseits des Getümmels mit meinem dritten Campari Soda und unterhalte mich mit Roccos Cousin Roberto, Besitzer des legendären Teutonengrills in Rimini. Als ich ihn frage, wie das Geschäft mit Schweinshaxe und Weißwürsten so läuft, guckt er mich traurig an. „Das haben wir schon längst von der Karte gestrichen. Stattdessen gibt es bei uns nur noch Soljanka und Piroggen“, berichtet er. Außerdem hieße sein Restaurant seit dem vergangenen Sommer schon nicht mehr Teutonengrill, sondern Casa Olga. „Wir müssen uns der Klientel anpassen“, sagt er und zuckt mit den Schultern. „Am Anfang habe ich gedacht, die Russen sind noch schlimmer als ihr Deutschen“, sagt er und knufft mich in die Seite. Nach Rimini käme ja auch nicht gerade Herr Abramowitsch.

Er legt seinen Kopf schief und überlegt. Ich erfahre, dass Russen eigentlich auch nur wie unkultivierte Italiener seien, nämlich laut, die Männer machohaft und die Frauen leicht bekleidet. „Aber wie wir Italiener wollen sie sich immer gegenseitig im Geldausgeben übertreffen", sagt er und grinst. „Und das macht sie dann eben doch sympathischer als die Gäste aus Birmingham oder Buxtehude."

Meine Freundin hat schon ihren zweiten doppelten Espresso innerhalb von einer Viertelstunde getrunken und kann sich das Gähnen trotzdem nicht verkneifen. Auf ihrem Schoß sitzt Nora, ihre zwei Jahre alte Tochter und quengelt, weil ihr zuerst der Zuckerstreuer, dann Mamis Ehering und am Ende das Feuerzeug abgenommen worden sind. Früher, als mein Café noch unser Café war, haben wir uns jede Woche hier getroffen, aber seitdem Nora da ist, schaffen wir es kaum noch einmal im Monat.

Während meine Freundin mir die Vorteile des Prager Eltern-Kind-Programms für die Kindesentwicklung erklärt, betritt der VWL-Student das Café. Als er Nora sieht, stürzt er auf uns zu und beginnt ganz aufgeregt auf meine Freundin einzureden: Ich verstehe eigentlich nur die Worte „Kampf", „von der Leyen", „Krippenplätze" und irgendetwas über das Recht von Müttern, sich in ihrer Arbeit zu verwirklichen.

Nachdem der VWL-Student seinen Appell beendet und meine Freundin ihrer Tochter zum fünften Mal in Folge den Zuckerstreuer aus der Hand genommen hat, schaut sie ihn mit müden Augen an: „Selbstverwirklichung" wiederholt sie und lacht kurz bitter auf. „Ich weiß nicht, was darin ‚Selbstverwirklichung' sein soll, jeden Tag acht Stunden in einem Call-Center zu sitzen und Versicherungsschäden entgegenzunehmen. Ich würde tausendmal lieber mehr Zeit mit meiner Tochter verbringen, als sie jeden Tag in die Krippe zu bringen. Aber woher soll das Geld kommen, wenn man mit einem Freiberufler verheiratet ist", sagt sie und schnappt ihre Tochter, um sie pünktlich ins Bett zu bringen.

Ich habe noch nie verstanden, warum es so viele Vorurteile gegenüber Vorurteilen gibt. Mir gibt es immer ein warmes Gefühl von Sicherheit, wenn ich auf jemanden treffe, der seinem Klischee entspricht. Zum Glück war der Mann vom Computerpannenservice, der letzte Woche vorbeikam, um die Daten auf meiner Festplatte zu retten, wortkarg, uncharmant und trug eine fleckige Cordhose, so dass ich mich entspannt zurücklehnen und rundum bestätigt fühlen konnte.

Während er mir irgendetwas erklärte, was ich auch ohne sein Nuscheln nicht verstanden hätte, habe ich mir überlegt, ob Menschen einen bestimmten Beruf ausüben, weil sie dem Klischee entsprechen, oder ob sie sich mit der Zeit einfach ihrem Umfeld anpassen. Haben Mitarbeiterinnen von PR-Agenturen schon „tschüssi" ins Telefon geflötet und jeden penetrant geduzt, als sie noch zur Schule gingen? Trugen Biologen schon immer Igelschnitt? Und hatten Schauspielschüler auch schon vor dem ersten Vorsprechen diesen Existentialistentouch?

Die Friseurin kann meine Frage ohne Zögern beantworten. Der Job sei eine Charakterfrage, deswegen müsse man bestimmte Berufe auch gleich von der Liste potentieller Partner streichen. „Stell dir vor, ich war neulich in der Kneipe und da hat mich doch tatsächlich ein Maschinenbauer angesprochen", sagt sie empört. „Und was hättest du gesagt, wenn er Filmregisseur gewesen wäre?", frage ich sie zurück. Sie blickt mich freudestrahlend an: „Was für eine Frage! Dann hätte ich ihn natürlich sexy gefunden!"

Zwischen lauter hochglänzenden weißen Sandstränden, türkisblauen Lagunen und sonnengebräunten Bikini-Schönheiten findet der VWL-Student auf dem Bistrotisch keinen Platz mehr für die Cappuccino-Tasse, so dass er sie unwirsch auf einen aufgeblätterten Urlaubskatalog knallt. „Hey, jetzt hast du meinen Favoriten in Kaffee ertränkt“, beschwert sich die Friseurin. Mit den Überbleibseln ihrer Papierserviette tupft sie das Laguna Beach Resort in Fort Lauderdale trocken: „Hört euch das mal an: ‚In urbaner Umgebung liegt dieses nostalgische Hotel, nur wenige Gehminuten vom Strand entfernt. In unserem Restaurant Venezia verwöhnt unser Chefkoch Roberto Sie mit Köstlichkeiten aus seiner sizilianischen Heimat‘.“ Die Friseurin zwinkert mir zu: „Das ist so gut wie gebucht.“

Der VWL-Student verschwindet im Büro und kommt kurz darauf mit seinem Laptop wieder. Triumphierend stellt er es auf das halbtrockene Laguna Beach Resort: „Also in dem Eintrag von Fred2010 bei Holidaycheck.de hört sich das aber ganz anders an: ‚In dieser heruntergekommenen Bruchbude haben wir wegen Bau- und Diskolärm kein Auge zugetan. Die wenigen Gehminuten entpuppten sich als eineinhalbstündiger Marsch, immer an der Hauptstraße entlang. Und an Roberto alias Rashid war seine Vespa das einzige Italienische.‘“

 Aber die Friseurin lässt sich ihre Vorfreude nicht so schnell vermiesen. Fred2010 habe im Urlaub wahrscheinlich Streit mit seiner Frau gehabt, behauptet sie. Und Bewertungsportalen im Internet dürfe man ohnehin nicht trauen: „Die vernichten Arbeitsplätze!" Das habe der Mann vom deutschen Hotelverband gerade in einem Interview gesagt.

Er sagt, es mache ihn mittlerweile krank. Dieses charakteristische Geräusch, das entsteht, wenn Trolleys über Gehwegplatten gezogen werden.

„Rikarikarika" mache es dann immer zwanzigfach in der Auffahrt des Münchner Bürokomplexes, wenn er und seine Kollegen am Freitagnachmittag das Gebäude verlassen, um irgendwo in Deutschland zu ihren Familien zu fahren. Und Montagmorgen wieder das Gleiche.

Dieses Geräusch stehe für das gesichtslose Hotelzimmer, das ihn abends erwarte, und dafür, dass sein kleiner Sohn ihm immer ferner werde. Robert stürzt seinen dritten Espresso runter.

Er hatte heute einen Termin in Frankfurt, und vor seinem Rückflug haben wir uns noch schnell in meinem Café getroffen. Ich erkenne ihn kaum wieder. Früher hat er immer gepredigt, er würde für einen guten Job auch ans andere Ende der Welt gehen.

Aber dann wurde Paul geboren, und er begann die Reiserei zu hassen, die ihn vom Vater zum Wochenendonkel machte. „Ich würde lieber weniger verdienen und wäre dafür mehr zu Hause", sagt er resigniert. Die meisten Kollegen dächten mittlerweile auch so. Nun kann der VWL-Student sich nicht mehr zurückhalten.

„Aber das ist doch das Kalkül der Firmen, aus ihren Angestellten moderne Nomaden zu machen! Wenn anstatt der Familie abends nur das Hotelzimmer und die Minibar auf dich warten, arbeitest du auch problemlos bis 22 Uhr", glaubt er. Aber Robert hört ihn schon gar nicht mehr. „Rikarikarika" macht es draußen vor der Cafétür.

Ich treffe in meinem Café auf die Friseurin. Ihrer offensichtlichen Aufregung begegnet sie mit großer Gestik und Mentholzigaretten in Kette. Den Grund ihrer Nervosität reibt sie mir sofort unter die Nase: die Deutschen Meisterschaften der Friseure an diesem Wochenende in Frankfurt. Ob ich das etwa vergessen hätte, fragt sie beleidigt. „Keineswegs", beruhige ich sie und frage mich, wie ich es hätte vergessen sollen, wo sie mir doch schon seit zwei Monaten erzählt, dass sie diesmal in der Kategorie Brautfrisur „an die Grenze des Machbaren gehen" will.

Aber heute treibt sie noch etwas anderes um: „Die Konjunktur ist total ungerecht", behauptet sie. Alle hätten im letzten Jahr einen tollen Aufschwung erlebt, nur die Friseure hätten nichts davon gehabt. Den Schuldigen hat sie auch schon ausgemacht: diese Kleinstunternehmer, die weder Umsatz- noch Einkommensteuer zahlen und auch nicht ausbilden würden. Das sei doch ein Verbrechen an der Gesellschaft! Mein Argument, dass diese Leute sich immerhin selbst ernähren, wischt sie beiseite: „Man kann doch nicht einfach jedem erlauben, Haare zu schneiden", regt sie sich auf.

Auf der Suche nach weiteren Schuldigen muss sie nicht weit gucken: „Heute lassen sich ja kaum noch Frauen eine Dauerwelle machen", sagt sie und schaut strafend auf mein glattes Haar. „Wenn alle so herumlaufen wie du, lässt sich ja kein Staat machen“, sagt sie, und ich schwöre mir in dem Moment, in der kommenden Woche mein Café zu meiden. Das letzte Mal hatte mein schlechtes Gewissen nämlich zur Folge, dass ich aussah wie ein Pudel auf Ecstasy. Die Friseurin hatte behauptet, Frauen ohne pinkfarbene Haarverlängerung wären ihr Ruin.

Wir sitzen in meinem Café mit einem Baileys auf Eis, wie wir ihn mit 15 das letzte Mal getrunken haben, und schauen uns alte Fotos an: Meine Mutter in tannengrünen Schlaghosen, ich im Maikäferkostüm, meine Freundin als Baby vor ihrem Elternhaus. Auf einmal hält sie inne und sagt: „Schau mal, meine Eltern waren damals so alt wie wir jetzt. Und sie hatten schon zwei Kinder und ein Haus mit Garten. Und ich wohne immer noch in einer WG."

Sie schaut mich traurig an: „Diesen Vorsprung werden wir nie aufholen." Ich denke daran, dass unsere Eltern niemals so sein wollten wie unsere Großeltern. Und wir könnten gar nicht so werden wie unsere Eltern, selbst wenn wir es wollten. Meine Freundin ist dafür in den vergangenen Jahren bestimmt zwanzig Mal umgezogen. Immer einem Praktikum, einem Aufbaustudium oder einem Job hinterher. Mit ihrem Freund hat sie noch nie länger als zwei Monate in einer Stadt gewohnt.

Der VWL-Student schaltet sich ein, bevor wir in Selbstmitleid versinken. „Dafür hatten deine Eltern wahrscheinlich auch nicht vierzig Paar Schuhe im Schrank", sagt er und fügt dann ernst hinzu: „Na ja, ein Haus kauft man sich auch erst, wenn man weiß, wo man bleibt. Und wer weiß das heute schon so genau." Ich erinnere mich an diese Werbung für einen Bausparvertrag. Und zum ersten Mal kommt mir der Gedanke, dass das vielleicht gar keine so schlechte Sache ist.

Als die Friseurin ihren Lackmantel auszieht, rieselt Zementstaub auf die Terrazzofliesen des Cafés. Sie schüttelt ihre Haare und zischt dabei etwas in meine Richtung. Ich kann heraushören, dass sie sich furchtbar über die Baustelle gegenüber ihrer Wohnung aufregt. Ich bestelle ihr einen Espresso, um sie über den unsanften Weckruf des Presslufthammers hinwegzutrösten, doch ihre Wut richtet sich gegen etwas anderes: „Was diese neue Schule kostet", ereifert sie sich. „Seit zwei Jahren bauen sie daran herum. Und dann verschwenden die auch noch unsere Steuergelder an den Architekten." Dabei könne man doch heute alles aus Fertigteilen bauen, findet sie und schnippt das letzte Staubkorn von ihrer Designerjeans.

Der VWL-Student grinst schief: „Tja, in der Schulbehörde hat eben der Keynesianismus überlebt", sagt er und hebt an zu einem Vortrag über den Unsinn einer antizyklischen Nachfragepolitik. Anstatt zum wiederholten Mal den bekannten Argumenten zu lauschen, denke ich an meine Schulzeit zurück. Mein Gymnasium war in einem Bau aus den sechziger Jahren untergebracht. Im Computerraum tropfte es von der Decke und die Dächer der Laubengänge waren in den Ecken von Schimmel befallen. Wenn ich an meine Schule denke, habe ich immer diesen deprimierenden Anblick vor Augen und einen muffigen Geruch in der Nase. Meine Grundschule befand sich hingegen in einem lichten Altbau. Die Klassenräume waren vier Meter hoch und das Parkett in der Turnhalle knarrte beim Völkerballspielen unter den Füßen.

Ich weiß nicht, ob wir in den schönen Räumen besser lernen konnten. Aber die nachträgliche Verbannung des Muffgeruchs aus meiner Nase wäre mir schon ein paar Steuereuro wert.

Ich folge dem Blick des VWL-Studenten, der die Gehsteigplatte vor meinem vorderen linken Stuhlbein fixiert. Er hat mir gerade den dritten Campari Soda gebracht und sich – ausnahmsweise, weil er gleich Feierabend macht – auch einen gemixt. Der VWL-Student beobachtet eine Ameise, die einen Panino-Krümel trägt, der um ein Vielfaches größer ist als sie selbst.

Er legt seinen Kopf schief, schürzt seine Lippen und sagt: „Ameisen sind wirklich faszinierende Tiere. Immer am Arbeiten, legen sich nie auf die faule Haut. Wenn alle Menschen so wären wie Ameisen, würde die Volkswirtschaft brummen." Ziemlich schroff entgegne ich, dass ich Ameisen unsympathisch finde.

Als der VWL-Student mich verständnislos anblickt, komme ich ins Grübeln. Vielleicht rührt mein Mangel an Ameisenliebe daher, dass ihr unermüdlicher Fleiß mir den eigenen Müßiggang vor Augen hält; mich daran erinnert, was ich noch tun könnte, müsste, sollte, wenn ich gerade unproduktiv bin, weil ich meine Zeit damit verbringe, ein Insekt zu beobachten. Ich rühre gedankenverloren in meinem Campari-Glas und sage zum VWL-Studenten:

„Mein ökonomisches Vorbild sind Raubkatzen. Die dösen den ganzen Tag in der Sonne, um dann auf einmal 100 Prozent zu geben und mit einem Satz ihr Tagwerk zu erledigen." Beflügelt von drei Campari nehme ich mir vor, ein Managerbuch mit dem Titel „Die Raubkatzenstrategie" zu schreiben – und mir mit den Tantiemen ein Frührentnerdasein im Süden zu finanzieren.

Der abschätzige Blick des VWL-Studenten sagt alles: Mein neues Kleid und ich bilden eine Mesalliance. Um Haltung bemüht, setze ich mich trotzdem an die Bar und bestelle einen Espresso. Im Stillen verfluche ich Ebay, DSL und die moderne Technik im Allgemeinen. „Wenn ich das Kleid im Laden anprobiert hätte, hätte mir bestimmt noch jemand diesen Kauf ausgeredet", murmele ich vor mich hin.

„Das Internet macht eben einsam", sagt der VWL-Student. „Und in dieser Einsamkeit fällen die Bürger bald nicht nur Kaufentscheidungen, sondern auch politische", sagt er und beginnt darüber zu dozieren, was der Auftritt der demokratischen Präsidentschaftskandidaten bei Youtube für die politische Meinungsbildung zu bedeuten hat. Vor meinem inneren Auge ziehen lauter zu Computerfreaks mutierte Wähler auf, die alleine auf ihren Bildschirm starren und sich dabei nicht nur im World Wide Web, sondern auch politisch verlieren. Fast wehmütig denke ich an kugelschreiberverteilende Parteimitglieder in Fußgängerzonen. Oder den guten alten Stammtisch. Für den Bruchteil einer Sekunde vermisse ich sogar Sabine Christiansen. Über den Polit-Talk im Fernsehen haben wir uns wenigstens immer gemeinsam aufgeregt.

Ich habe aufgehört zu zählen, wie oft ich heute das Wort „Käsekuchen“ sagen musste. Seitdem die Friseurin sich eine neue Digitalkamera zugelegt hat, wird alles fotografiert, was ihr vor die Linse kommt: Der VWL-Student, wie er mürrisch die Frühstückskrümel vom Tresen wischt. Ich, vor meinem ersten Espresso des Tages. Und immer wieder Rocco: wie er stolz seine hausgemachte Panna cotta präsentiert, wie er Milch für den Cappuccino aufschäumt.

Noch mehr als das Grinsen auf Kommando nervt mich an diesem Morgen allerdings das Geräusch, wenn die Friseurin wieder ein Foto macht. Obwohl es Digitalfotos sind, ertönt jedes Mal ein Verschlussgeräusch, als müsste ein nicht vorhandener Film in der Kamera belichtet werden. Mein Opa war früher stolz darauf, dass seine Leica so leise war. Heute wird aus falsch verstandener Nostalgie alles mit einem Sound hinterlegt: Die Digitalkamera bekommt ihr Verschlussgeräusch, das Handy den Ring-ring-Klingelton des alten Drehscheibentelefons, und der Sportwagen-Sound wird im Tonstudio komponiert, damit die ganze Straße mitbekommt, wenn der Nachbar sein Auto startet.

In meiner frühmorgendlich schlechten Laune hadere ich mit der modernen Welt, die so leise sein könnte, würden die Konsumenten endlich akzeptieren, dass moderne Technik auch geräuschlos funktioniert. In dem Moment klingelt irgendwo in meinem Café ein Telefon, besser gesagt: Es rülpst, anscheinend der neueste Klingelton-Gag. „Irgendwie sind die Retro-Sounds ja doch ganz sympathisch“, denke ich mir noch, bevor ich mir die Kopfhörer meines neuen iPod in die Ohren stecke.

In ihrem weißen Rüschenkleid sieht Roccos Tochter aus wie ein Sahnebaiser. Ein ungewohnter Anblick, taucht Chiara doch für gewöhnlich in verwaschenen Röhrenjeans und bauchfreiem Top im Café auf, meistens um mit waidwundem Blick und Lady-Di-Lächeln an der Mutter vorbei eine spontane Taschengelderhöhung bei Papi durchzusetzen. „Was ist denn mit deiner Tochter los?", frage ich Rocco, während ich den halben Inhalt des Salzfässchens auf meinem Frühstücksei verteile. Der Vater lächelt mich beseelt an: „Sie geht jetzt wieder regelmäßig in die Kirche. Und das habe ich nur Harry Potter zu verdanken", sagt er und wischt mit einem Schwung die Salzkörner von meinem Tisch. Ich staune. Meine ich mich doch zu erinnern, dass die katholische Kirche gar nicht so begeistert von dem Erfolg des Zauberlehrlings war, ihn gar der Ausübung heidnischer Kulte bezichtigte.

Doch Rocco hat eine Erklärung parat: „Sie hat seit Wochen dafür gebetet, dass Harry Potter im letzten Buch nicht sterben muss – und die Heilige Jungfrau hat ihre Gebete erhört", schließt Rocco glücklich. Außerdem habe die Muttergottes ihr noch einen Herzenswunsch erfüllt: nämlich, dass sie als Erste aus ihrer Clique den neuen Potter-Roman Samstagnacht in den Händen halten durfte.

Ich denke nach. Wenn es so einfach ist, Teenager für den Kirchgang zu begeistern, müsste dieses Prinzip doch auch bei Roccos Sohn, einem fanatischen Anhänger von Unterhaltungselektronik aus dem Hause Apple, klappen. Aber Rocco winkt resigniert ab: „Für den Besitz des iPhones hat er nur so lange gebetet, bis er mitbekam, dass es das Handy bislang nur in Amerika zu kaufen gibt", sagt er. Seitdem trage er sonntags lieber Zeitungen aus – um sich ein Flugticket nach New York zu finanzieren.

Die Stimme meiner Mutter klingt nach Sieg – wenn es auch ein später ist. Ich will gerade meinen Espresso bezahlen, als sie mich in meinem Café auf dem Handy erwischt. „Verstehst du jetzt, warum Papi und ich dir früher keine Barbies schenken wollten?“, fragt sie. Ich kann nicht widerstehen zu entgegnen, dass ihre restriktive Geschenkpolitik damals nicht damit begründet wurde, dass die Puppen mit chinesischer Bleifarbe vergiftet waren. Mitte der Achtziger waren andere Argumente en vogue. Da ging es um das falsche Frauenbild, das diese großbusige langbeinige, arbeits-, falten- und kinderlose Modepuppe angeblich verbreitete. Ich erinnere mich an den gestreckten Zeigefinger, der dieser Plastikbraut einen Mangel an pädagogischem Nutzen vorwarf. Ob ich mir das Argument, man könne Kindern kein Spielzeug schenken, das den gleichen Namen wie ein Nazi-Kriegsverbrecher trägt, nur eingebildet habe, oder ob es wirklich fiel, erinnere ich nicht mehr.

Den Hinweis auf die Minderwertigkeitskomplexe, die mir der Barbie-Mangel in der Grundschule zugefügt hat, verkneife ich mir. Meine beste Freundin hatte zwanzig Barbies, zwei rosa Barbie-Villen, drei rosa Barbie-Pferde und ein rosa Barbie-Traumschiff. Ich hatte nur zwei Barbies, von denen eine noch nicht einmal original war. Nur bei den Männern konnte ich mithalten. Wir hatten beide nur einen Ken, dafür waren sie polygam.

 Die Friseurin hat Verständnis für mein Barbie-Trauma: „Jedes Mädchen braucht eine Barbie als beste Freundin, die ihr beibringt, ein Gespür für Mode und Styling zu entwickeln“, sagt sie und fährt sich durch ihre blonde Mähne, die verdächtig an die Frisur der neuen Beach Barbie erinnert. Und ich bin meinen Eltern im Nachhinein doch irgendwie für die unlackierte Holzeisenbahn dankbar.

Sie habe immer alles richtig gemacht, sagt meine Freundin und nimmt einen tiefen Zug von ihrer Zigarette. „Na ja, zumindest bei der Karriereplanung“, fügt sie hinzu und grinst kurz. „Ich bin nach dem Abi extra in so ein verdammtes Uni-Kaff gegangen, weil dort angeblich die beste Jura-Fakultät war. Ich habe LLM, MBA, einen Kurs in indischem Wirtschaftsrecht und mindestens fünfzehn Praktika gemacht.“ Sie zuckt mit den Schultern. „Und jetzt habe ich seit einem Jahr einen Job, auf den meine Kommilitonen neidisch sind, und frage mich, ob das für die nächsten vierzig Jahre alles gewesen sein soll.“ Sie blickt mich hilflos an: „Warum bin ich bloß nicht glücklich?“

Ich weiß keine Antwort. Dafür hat die Friseurin in ihrer Rätselzeitschrift gelesen: „Das ist ganz sicher die Quarterlife Crisis“, ist sie überzeugt. Rocco hat eine andere Erklärung: „Ihr habt einfach zu viele Möglichkeiten. Bei mir war es schon ein Wunder, dass ich Gastwirt wurde und nicht Schneider wie mein Vater.“ Der VWL-Student im 22. Semester verlässt wortlos den Raum. „Er hat sich wieder nicht zum Diplom angemeldet“, raunt Rocco. Seitdem hat sich meine Freundin nicht mehr über ihren Job beschwert.

Auf dem Weg zu meinem Café komme ich an einer Musikbar namens „Feinstaub“ vorbei. Sie heißt so, weil sie an einer Straße liegt, die mal als eine der gefährlichsten in ganz Deutschland galt. Der Grund waren nicht Bandenkriege, sondern eine besonders hohe Belastung mit ebendiesem „Feinstaub“. Keiner wusste genau, was es war, nur, dass es direkt aus der Hölle kommen musste.

Jedes Mal, wenn ich an der Bar vorbeifahre, frage ich mich, wo der Feinstaub in den vergangenen Monaten gesteckt hat. Eine Zeitlang hat sich kaum jemand getraut, ohne Mundschutz auf diese Straße zu treten – und jetzt? Ist er wirklich verschwunden oder nur aus meiner Wahrnehmung.

„Bald wird es dem Klimawandel genauso ergehen“, prophezeit der VWL-Student, während er mir ein Frühstück bringt. „Spätestens, wenn keiner mehr Al Gores besorgten Talkshow-Blick erträgt und Angie wiedergewählt wurde.“ Er seufzt. „Dann schmelzen die Eisberge auf Grönland weiter – während wir um ein anderes goldenes Kalb tanzen.“

Gut gelaunt treffe ich die Friseurin in meinem Café. „Oi, tudo bem?“, begrüßt sie mich freudestrahlend. Sie sei gerade beim internationalen Brautfrisuren-Grand-Prix in Rio gewesen und schwärmt: die Sonne, die Copacabana und welcher Luxus! „Wir waren in einem Sushi-Lokal, das hat den Fisch aus Japan eingeflogen – und das mitten im Dschungel!“

Als der VWL-Student dies hört, blickt er die Friseurin strafend an. „Ich hoffe, der Fisch ist dir im Hals steckengeblieben“, sagt er und fragt, wie sie im Luxus schwelgen kann, während vor der Tür die Kinder betteln. „Und erst die Umweltverschmutzung“, tadelt er und rechnet vor, wie viel Kerosin ein Kilo Fisch verbraucht, das um den Erdball geflogen wird.

Als er die Vorzüge von Kohl und Steckrüben preist, kann ich mir die Bemerkung nicht verkneifen, dass Scampi, seine Hauptnahrung bei Rocco, auch nicht im Main gefangen werden. Die Friseurin hört sich die Vorwürfe an, am Ende schüttelt sie den Kopf. „Ich habe auch nachgerechnet“, sagt sie stolz. „Es wäre doch wohl noch verschwenderischer gewesen, wenn die gesamte Gruppe nur für einen Abend zum Sushi-Essen nach Tokio geflogen wäre.“

Versonnen blickt die Friseurin auf ihre rechte Hand und beobachtet, wie sich das Sonnenlicht im Stein an ihrem Ringfinger bricht. „Nun ist Bonzy immer bei mir", sagt sie leise und lächelt in sich hinein. Als ich den Namen „Bonzy" höre, zucke ich innerlich zusammen. Beyoncé, genannt Bonzy, war die verzogene Yorkshire-Terrier-Dame der Friseurin. Als sie vor vier Wochen im hohen Alter von 14 Jahren eingeschläfert werden musste, waren zunächst alle erleichtert, das Café ohne Angst vor einem Wadenbiss betreten zu können. Doch die Friseurin litt unter dem Verlust so sehr, dass wir uns schon bald Bonzys Dauerkläffen zurückwünschten. Sie deutet auf den Rosenquarz-Ring an ihrem Finger: „Pink war immer ihre Lieblingsfarbe, und nun ist Bonzy selber pink", sagt sie, und bevor ich mir Gedanken über ihren Geisteszustand machen kann, klärt sie mich über Bonzys jetzigen Zustand auf. Ihr Hund sei jetzt ein Friedjuwel, bestattet als Halbedelstein in einem schmalen Goldring.

„Die Kremationsasche wurde energetisiert, und jetzt ist sie mein kostbarer Begleiter, der meine Fantasie belebt und meine seelischen Wunden heilt", schwärmt sie. „Und außerdem", fügt sie etwas leiser, aber nicht minder begeistert hinzu – hätte sie so auch die Kosten für den Tierfriedhof gespart.

Butter

Die Friseurin pult nacheinander Salatblatt, eine Salamischeibe und getrocknete Tomaten von ihrem Panino Milano. Als sie das Brot freigelegt und genau betrachtet hat, stößt sie einen spitzen Schrei aus. „Jetzt fängt Rocco auch noch an, bei der Butter zu sparen", beschwert sie sich. Bevor der Beschuldigte sich rechtfertigen kann, lenkt die Friseurin aber wieder ein. „Ich weiß doch, die Inflation ist schuld", sagt sie. Sie habe auch schon festgestellt, dass in den letzten Wochen alles doppelt so teuer geworden sei.

Als der VWL-Student das hört, schüttelt er heftig den Kopf. „Die Analyse des repräsentativen Warenkorbs beweist, dass die Inflation nur 2 Prozent beträgt", sagt er. Die Friseurin lässt sich nicht so einfach abspeisen. „Ich weiß doch, was ich sehe", sagt sie empört. Der VWL-Student versucht zu beschwichtigen. Das sei nur die gefühlte Inflation, doziert er. Die sei immer dann hoch, wenn die Artikel des täglichen Bedarfs teurer würden. „Aber ist denn in den letzten Jahren überhaupt irgendwas aus diesem repräsentativen Warenkorb billiger geworden?", fragt die Friseurin ungläubig. Der VWL-Student denkt nach. „Ich glaube, die Fischereirechte für Hobbyangler sind heute nicht teurer als vor fünf Jahren", sagt er.

Es sind die kleinen Dinge, die einen spüren lassen, dass man älter wird. Wenn man zum ersten Mal in der Bahn von einem Rucksacktouristen gesiezt wird. Dass der Mauerfall-Jahrgang volljährig wird, während ich 1989 schon auf dem Gymnasium war. Am schlimmsten ist es beim Klamottenkauf. Als ich mir neulich ein paar T-Shirts bei H&M kaufen wollte, haben diese knallbunten Minikleider und Plastikohrringe solche Beklemmungen in mir ausgelöst, dass ich sofort das Geschäft verlassen musste. Alles war mir zu grell, zu laut, zu doll.

Zum Trost gönne ich mir eine Portion Panna cotta und einen doppelten Espresso in meinem Café. Ich hoffe, bei der Friseurin auf Mitleid zu stoßen. „So ist das eben, wenn man bald 30 wird“, sagt sie, und ihr verständnisvoller Ton kann einen Anflug von Häme nicht verbergen. In Gedanken sehe ich mich schon in einen praktischen Hausanzug gewandet, fleischfarbene Stützstrümpfe im „Best Ager“-Katalog bestellen.

Aber die Friseurin reißt mich aus meinen trübsinnigen Gedanken: „Das Älterwerden hat ja auch sein Gutes“, behauptet sie. Schließlich steige mit dem Alter ja auch das Gehalt. „Und irgendwann kannst du dann eben bei Hermès anstatt bei H&M einkaufen.“

Seit ich in der zehnten Klasse im Englischunterricht „Tod eines Handlungsreisenden“ von Arthur Miller gelesen habe, habe ich eine dramatisch verklärte Vorstellung von der Frühverrentung. Für mich waren Menschen, die mit Mitte 50 aus dem Arbeitsleben getrieben wurden, bemitleidenswerte Wesen, in ihren besten Jahren um Lohn und Ehre gebracht.

In der letzten Zeit stelle ich allerdings immer wieder fest, dass ich all die Jahre wohl ziemlich falsch lag. Zum Beispiel Roccos Cousin Enrico. Ich hatte ihn als verhärmtes kleines Männchen in Erinnerung, gebückt von der Last der zu verkaufenden Markisenteile im Kofferraum seines Mercedes-Kombi in Silbermetallic. Aber seitdem sein Unternehmen vor fünf Jahren umstrukturiert wurde und man ihn mit einer dicken Abfindung in den Vorruhestand geschickt hat, ist er richtig aufgeblüht. Auf einmal trägt er bunte Hemden, fährt zweimal im Jahr nach Thailand und hat Tante Marina nach 35 Jahren Ehe gegen die 20 Jahre jüngere Svetlana ausgetauscht.

Ich treffe ihn vor meinem Café, wo er gerade mit Svetlana Rollerblades fährt. Nach einem kurzen Smalltalk frage ich zaghaft, ob er einmal Arthur Miller gelesen hat. Er lacht schallend: „Bei mir müsste es wohl eher ‚Das zweite Leben eines Handlungsreisenden‘ heißen“, sagt er und kneift Svetlana in ihre rougerote Wange.

Die niedrigen Geburtenraten in Deutschland hätten weder etwas mit dem Mangel an Betreuungsmöglichkeiten noch mit der langen Ausbildung zu tun, behauptet meine Freundin, während sie ihren Trolley unter den Bistrotisch schiebt. Auf ihrer wöchentlichen Fahrt von Hamburg nach Stuttgart hat sie wieder eine kurze Latte-Macchiato-Pause in meinem Café eingelegt. „In Wirklichkeit", sagt sie – und hebt bedeutungsvoll ihren Zeigefinger – „ist der deutsche Föderalismus schuld." Der VWL-Student und ich schauen sie fragend an. Aus müden Augen erwidert sie unseren Blick. „Wenn man wie ich und 80 Prozent meiner Freunde eine Fernbeziehung führt, wie soll man dann noch schwanger werden?", fragt sie. In zentralistischen Staaten sehe es hingegen viel besser aus. In Frankreich oder England, wo die besten Jobs fast automatisch in der Hauptstadt seien, liege die Geburtenziffer bei 1,9 beziehungsweise 1,8 Kindern pro Frau. In föderalistischen Staaten wie Deutschland oder der Schweiz liege die Ziffer hingegen bei 1,4.

„Aber gibt es für deinen Mann und dich denn keine Möglichkeit zusammenzuziehen?", frage ich sie mitleidig. Sie nickt heftig. „Doch, klar", sagt sie. Zum Glück hätten sie gerade festgestellt, dass die Niederlassungen ihrer Unternehmen in China nur 200 Kilometer voneinander entfernt sind.

Mein Freund sitzt seit drei Stunden vor seinem ersten Espresso und seinem vierten Glas Leitungswasser. Obwohl er nur eine Stunde entfernt wohnt, hat es drei Jahre gedauert, bis er mich nun zum ersten Mal in Frankfurt besucht. Und selbst jetzt hat er ein schlechtes Gewissen: „Die zwanzig Euro für die Mitfahrerzentrale hätte ich eigentlich in unsere neue Waschmaschine investieren müssen", sagt er zerknirscht.

Ich bin erstaunt: Als er vor zwei Jahren als Assistent an der Uni anfing, war das Geld doch auch noch nicht so knapp. Mein Freund lacht bitter. „Während andere Berufsanfänger ihr Gehalt langsam steigern, ist meins schon viermal gekürzt worden." Er zählt auf: Erst fiel das Urlaubsgeld weg, dann das Weihnachtsgeld. Aus seiner ganzen Stelle wurde eine dreiviertel und dann eine halbe Stelle – bei gleicher Wochenarbeitszeit. Mittlerweile hat er nur noch 500 Euro im Monat. „Ich habe schon überlegt, ob ich auf den Doktortitel pfeife und mich bei der Post als Briefträger bewerbe", sagt er und setzt grinsend ein „Mindestlohn macht's möglich" hinzu. Ich frage ihn vorsichtig, ob es denn nichts gibt, was seiner Ausbildung angemessen ist. Er macht eine abfällige Handbewegung: „Beim Arbeitsamt meinten sie nur, Germanist sei kein Beruf. Und gaben mir zum Abschluss noch den guten Tipp, reich zu heiraten."

Der Espresso danach

„Sofort Zigaretten ausmachen, die Stasi kommt", zischt Rocco der Friseurin und mir zu. Unverzüglich haben wir die Kippen ausgedrückt, und ich verstecke die Aschenbecher unter dem Tresen, während die Friseurin die Café-Luft mit Raumerfrischer in eine blühende Sommerwiese zu verwandeln versucht. Mittlerweile sind wir ein eingespieltes Team. Doch unsere Bemühungen waren diesmal unnötig: Die Tür öffnet sich, und unser drittes Clubmitglied tritt ein. „Musstest du uns so erschrecken?", fährt die Friseurin den VWL-Studenten an. Zur Beruhigung zünden wir uns erst einmal eine neue Zigarette an. Diesmal sind die patrouillierenden Mitglieder des Nichtrauchervereins noch einmal am Café vorbeigezogen.

Seit Neujahr proben wir Stammgäste nun mit Roccos Erlaubnis den zivilen Ungehorsam. Aus Prinzip. Als wir in der Silvesternacht vor der Tür meines Cafés rauchten, haben wir entschieden, dass der Staat unsere Freiheitsrechte nicht länger beschneiden dürfe. „Sonst wird mir auch bald das Blondieren verboten", sagte die Friseurin fröstelnd. Rocco war sofort dabei: „Das Nichtrauchergesetz beschneidet mein Eigentumsrecht als Gastronom", lautet spätestens seit dem Moment seine Losung, als er zum ersten Mal die Umsätze seit Inkrafttreten des Rauchverbotes zusammenrechnete. Zwanzig Mitglieder hat „Pro Fumo" mittlerweile schon. Wir haben uns zusammengeschlossen, weil nichtkommerzielle Vereine vom Rauchverbot ausgenommen sind. Zwar hat allein die Vereinsgründung vier lange Abende gedauert – wir konnten uns einfach nicht auf einen Namen einigen. Am Ende setzte sich dann doch der VWL-Student mit seinem Vorschlag durch. Das Argument, dass „Pro Fumo“ ein direkter Gegenpart zu den Denunzianten von „Pro Rauchfrei“ ist, hat uns alle überzeugt.

Es gibt mittlerweile schon fast 240.000 Einträge in Blogs und Internetforen zum Thema Nokia, sagt der VWL-Student und lässt die Zeitung sinken. „88 Prozent votieren dafür, dass man Nokia jetzt boykottieren soll", zitiert er. Er dreht seinen Kapuzenpulli von innen nach außen und blickt auf das Etikett. Dann runzelt er die Stirn. „Ob die jetzt wohl auch alle ihre Klamotten aus Bangladesch und DVD-Rekorder aus China in den Müll schmeißen?", fragt er in die Runde.

Die Friseurin funkelt ihn böse an. „Natürlich ist es richtig, Nokia abzustrafen", sagt sie. Sie hätte auch schon in zehn verschiedenen Internetforen dafür gestimmt, den Handyhersteller für sein turbokapitalistisches Verhalten zu boykottieren. Ich werfe einen Blick auf die Tischplatte vor ihr. Dort liegt immer noch das gleiche mit Strasssteinen beklebte 5310 Xpress Music – natürlich ein Nokia-Modell. In die Tat habe sie ihr Vorhaben aber noch nicht umgesetzt, stelle ich fest und zwinkere ihr dabei zu. Sie blickt mich wütend an. „Wenn ausländische Firmen überall in Deutschland Arbeitsplätze vernichten, kann man von den deutschen Konsumenten ja wohl nicht erwarten zu investieren", poltert sie.

Meine Freundin lässt ihre Laptoptasche von der Schulter gleiten. In ihrem dunkelgrauen Hosenanzug sieht sie verkleidet aus. In meiner Erinnerung taucht das Bild auf, wie sie immer fünf Minuten zu spät in die Vorlesung stürmte, das Gesicht noch erhitzt vom Fahrradsprint. Nachdem wir das erste Glas Wein getrunken haben, frage ich sie, ob sie glücklich in ihrem Job ist. „Ich lerne dort sehr viel", antwortet sie.

Der VWL-Student, der uns gerade das zweite Glas Merlot bringt, schüttelt den Kopf: „Das ist die Standardantwort der Unzufriedenen." Meine Freundin sieht nicht mehr ganz so tapfer aus, und ich werfe dem VWL-Studenten einen bösen Blick zu. Aber er legt nach: „Als Personalchef würde ich auch nie jemanden einstellen, der sagt, er suche eine neue Herausforderung. Das sind die Leute, die nicht wissen, was sie in ihrem Leben wollen." Meine Freundin wirkt, als finge sie gleich an zu weinen. Ich weiß, dass sie an das Vorstellungsgespräch denkt, das sie heute hinter sich gebracht hat. Doch nach ein paar Sekunden kräuselt sich ihre Oberlippe sanft, und sie fragt den VWL-Studenten: „Sag mal, in welchem Semester bist du mittlerweile eigentlich?"

Dior
PRADA

Die Friseurin starrt auf ihre Einkaufstüten, die sie so neben ihrem Stuhl aufgereiht hat, dass jeder Besucher sofort die exklusive Herkunft erkennen kann. „Ich kann mir nicht erklären, wie dieser Franzose 5 Milliarden ausgeben konnte, ohne dass es jemand gemerkt hat", sagt sie und runzelt die Stirn. Schließlich müssten die Sachen, die er dafür gekauft hat, doch irgendwo geblieben sein.

Der VWL-Student grinst: „Du musst nicht glauben, dass irgendwo Prada-Schuhe im Wert von 5 Milliarden herumstehen. Das Geld ist einfach futsch", sagt er. Bedächtig faltet er die Hände. Um zu begreifen, was bei der Société Générale geschehen sei, müsse man erst einmal die besondere Mentalität dieser Händler verstehen: „Banker sind reine Zahlenmenschen", erklärt der VWL-Student. Das habe er sofort erkannt, als er vor drei Jahren ein Praktikum bei einer Londoner Bank gemacht habe. „Da gab es einen Händler, der den Stadtmarathon immer parallel auf dem Laufband mitgelaufen ist", sagt er. „Als ich ihn dann mal gefragt habe, warum er nicht beim Marathon selbst mitläuft, hat er nur gesagt, das sei doch völlig egal. Die Kilometerzahl sei schließlich die gleiche."

Die Dame mit den frisch ondulierten Minilöckchen, die auf meinem Stammplatz sitzt und sich gerade einen Cappuccino mit Sahne bestellt hat, sieht aus wie die Friseurin in 45 Jahren. „Ich bin die Oma aus Essen", klärt sie die Ähnlichkeit auf. „Omi und ich waren heute zusammen shoppen", erzählt die Friseurin, und die ältere Dame nickt freudig. Auf dem Tisch stapelt sich die Ausbeute: Wo ich Wärmflasche und Stützstrümpfe erwartet hätte, liegen unter anderem ein nagelneuer Laptop und ein iPhone. „Omi ist ein echter Silver Surfer, den ganzen Tag im Internet", verkündet die Friseurin stolz. Die Großmutter versendet noch schnell eine Nachricht mit ihrem Blackberry und erklärt dann vollmundig, dass man sich als „Best Ager" ja schließlich auch mal was gönnen müsse.

Nachdem sich die beiden bei einem Likörchen über die Vorteile von Lomi Lomi gegenüber Ayurveda-Massagen ausgelassen haben, stecken sich Oma und Enkelin ihre weißen Kopfhörer in die Ohren und ziehen von dannen. Ich bleibe erstaunt zurück. Hatte sich die Friseurin nicht gerade darüber beschwert, dass ihre Großmutter von 1.000 Euro Rente weder leben noch sterben könne? Ich frage den VWL-Studenten. Doch der schüttelt nur verständnislos den Kopf. „Nachdem die Marketingtypen jahrelang gepredigt haben, dass das Geld bei den Menschen über 50 sitzt, glauben die Rentner das mittlerweile selbst." Früher hätten die Großeltern das Geld für ihre Enkel aufs Sparbuch gelegt. Heute tappten selbst Achtzigjährige in die Schuldenfalle. „Was ist das bloß für eine Welt?“, sagt er seufzend. Ich kann ihm die Frage nicht beantworten – hadere ich doch gerade selbst mit dem Erlebten. Im Gegensatz zu Essen-Omi habe ich nämlich noch immer nicht verstanden, wie so ein Blackberry nun eigentlich funktioniert.

Nachdem ich mir ihre Klagen drei Stunden angehört habe, ist meine Geduld erschöpft: „Na, trenn dich doch von ihm“, sage ich einen Tick zu genervt zu meiner Freundin. Seit fünf Jahren ist es die gleiche Leier: Klausi arbeitet zu viel, Klausi ist unaufmerksam, und eigentlich weiß sie gar nicht, ob sie Klausi überhaupt noch liebt. Doch als ich das böse T-Wort ausgesprochen habe, ist sie entgeistert: „Weißt du, wie viel ich in die Beziehung gesteckt habe?“ Ihr Argument lässt mich an Börsenspekulanten denken: Die neigen auch dazu, Kursverluste tapfer zu ertragen, wenn sie nur lange genug in eine Aktie investiert haben. Sie setzt noch eins drauf: Außerdem sei mit Klausi alles so schön eingespielt. Abnehmende Grenzkosten scheinen also eine Rolle zu spielen.

Da meine Freundin ihre Beziehung nach ökonomischen Kriterien zu bewerten scheint, versuche ich sie so zu überzeugen: „Mach es doch wie die Banken“, sage ich. „Die haben sich auch verspekuliert und müssen jetzt Riesensummen abschreiben. Das belastet zwar kurzfristig die Bilanz, steigert aber langfristig den Marktwert.“ Ich zwinkere ihr zu: „Wenn du nicht mehr Klausi-Klotz-am-Bein hast, hast du es einfacher, einen Fusionspartner zu finden.“ Meine Freundin blickt fassungslos: „Ich finde es ein Unding, wie du über meinen Freund redest“, sagt sie, steht auf und geht.

Zunächst habe ich mich einfach nur geärgert. Weil es kalt war und ich zu Fuß gehen musste und mein morgendlicher Espresso in unüberwindbare Ferne gerückt schien. Als ich sie dann hörte, wurde meine Laune auch nicht besser. Die Trillerpfeifen erinnerten mich an endlose Bahnen in eiskaltem Chlorwasser, die ich unter den schrillen Pfiffen von Generaloberst Schwimmlehrer in der Mittelstufe zurücklegen musste. Aber als ich dann auf einer Straßeninsel zwischen lauter streikenden Müllwerkern strandete, regte sich meine sozialromantische Ader. Plötzlich war ich umzingelt von Männern, die mit einer Entschlossenheit voranschritten, wie es nur Menschen tun, die sich sicher sind, für eine gerechte Sache zu kämpfen. Auf einmal war ich mitten in Robert Koehlers berühmtem Streik-Gemälde von 1886, auf direkter Linie von Bebel und Lassalle in die Gegenwart. Inmitten von so viel lebendiger Arbeiterbewegung fand ich auch die Kälte nicht mehr so schlimm.

Bis ich die Kindergärtnerinnen sah. Mit Coffee-to-go-Bechern gewappnet, warteten sie an der nächsten Straßenecke darauf, die Streikpflicht abzusitzen, um sich dann wieder unauffällig nach Hause verdrücken zu können. Die Engagierten unter ihnen benahmen sich so, wie es Frauen normalerweise beim Junggesellenabschied ihrer besten Freundin tun.

Ein paar Genossen nutzten den Warnstreik als vorgezogenes Warming-up für den Bundesliga-Samstag. Mein Verständnis war so schnell verflogen, wie die Sozialromantik mich gepackt hatte. Ich gönne jedem seinen Betriebsausflug – aber nur, wenn die U-Bahnen trotzdem fahren! Das Gesicht zur Faust geballt, erwanderte ich mir den Weg zu meinem Café. Und stand vor geschlossener Tür. Seitdem sein Roller kaputt ist, muss auch Rocco mit der Straßenbahn zur Arbeit fahren.

Nur bei wenigen Handlungen zeigt die Friseurin so viel Akribie wie bei der Kontrolle ihrer Kontoauszüge. Sie sitzt konzentriert vor ihrem Espresso und einem Stapel Rechnungen und tippt unablässig Zahlen in ihren pinkfarbenen Mini-Taschenrechner – fest davon überzeugt, früher oder später einer Falschbuchung auf die Schliche zu kommen. Bislang habe ich mich darüber immer lustig gemacht. Denn eine Konstante meines Daseins als Wirtschaftssubjekt ist ein unverbrüchliches Vertrauen in meine Bank. Wenn nicht nur mein freundlicher Bankberater, sondern auch so honorige Institutionen wie der Aufsichtsrat und nicht zuletzt die Bundesanstalt für Finanzdienstleistungsaufsicht über mein Geld wachen, was soll ich mich da auch noch einmischen?

Mein Vertrauen zeigt sich vor allem darin, dass ich alles, was mir zugeschickt wird und in einem grünen Briefumschlag steckt, unbesehen in den dafür vorgesehenen Ordner hefte. Die Bescheinigungen über Kapitalerträge und Veräußerungsgeschäfte, Kreditkartenabrechnungen oder Kontoauszüge haben zwar alle ihren festen Platz – mehr Aufmerksamkeit als das liebevolle Lochen ihrer Seiten wurde ihnen bisher jedoch nicht zuteil.

Diesmal beunruhigt mich der Anblick der rechnenden Friseurin jedoch ein bisschen. Ich werde den Gedanken nicht mehr los, ob Institutionen, die zulassen, dass Milliarden

Euro versenkt werden, sich wirklich um die Prüfung meiner Kleckerbeträge kümmern. Vielleicht werden mir ja schon seit Jahren Gebühren abgezogen, die ich gar nicht bezahlen muss?

Schnell trinke ich meinen Espresso aus und eile nach Hause, um endlich einmal meine Schrankgruft zu erforschen.

Kopfschüttelnd werfe ich einen Blick auf die Einkaufstüten, die sich zu Füßen meiner Freundin stapeln. Ich frage sie, warum sie sich in diesem Monat schon das dritte Paar silberfarbene Ballerinas gekauft hat. „Diese haben aber eine Schleife", sagt sie. „Ja, ich geb's zu, ich bin shoppingsüchtig", sagt sie schon etwas ernster. Einkaufen sei aber die einzige Möglichkeit, sich selbst ein kurzes Glücksgefühl zu schenken.

Sie nippt an ihrem Chardonnay, greift meine Hand. „Es ist ein Teufelskreis", seufzt sie. Seit Jahren träume sie davon, eine Bar auf den Bocas del Toro zu errichten. Stattdessen mache sie aber jahraus, jahrein den gleichen verhassten Bürojob. „Und wenn ich dann wieder einmal unglücklich darüber bin, dass ich meine Träume nicht in die Tat umsetze, muss ich Geld ausgeben, um mich zu trösten", erklärt sie. Dank dieser Konsumtherapie habe sie mittlerweile mehrere tausend Euro Schulden, die sie erst einmal abzahlen müsse. Traurig blickt sie mich an: „Es ist paradox: Je unglücklicher ich mit dem Status quo bin, desto ferner rückt die Strandbar."

Die Friseurin hat die kleine Feier bei Rocco kurzfristig abgesagt. Stattdessen hockt sie zusammengesunken auf dem Barhocker und tröstet sich mit Gin Tonic. „Ich kann es nicht glauben“, stammelt sie immer wieder. Eigentlich wollte sie heute ihren Sieg vor dem Arbeitsgericht feiern. Sie war sich sicher, dass sie ihre ungeliebte Angestellte Susi S., von der Friseurin immer nur „das Biest“ genannt, nun für immer los wäre. Aber sie hat sich wohl zu früh gefreut.

Das Verhältnis der Friseurin mit Susi S. stand von Anfang an unter einem schlechten Stern: Kurz nach dem Ende der Probezeit wurde bei Susi S. ein Friseurekzem diagnostiziert, so dass sie nur noch Spitzen schneiden durfte. Aber auch das wollte sie nur im Einklang mit den Mondphasen machen, weil sich ihre Krankheit sonst verschlechtere. Nach einem lautstarken Streit mit der Friseurin kam Susi S. dann gar nicht mehr zur Arbeit. Wegen Unpässlichkeiten war sie seit zwei Monaten krankgeschrieben.

Als Kollegen berichteten, sie hätten Susi S. am Wochenende vergnügt auf dem Rummel gesehen, witterte die Friseurin Morgenluft und kündigte ihrer Angestellten fristlos. „Wer auf die Kirmes geht, kann auch arbeiten“, fand sie. Doch Susi S. ließ sich das nicht gefallen und zog in der Verhandlung eine Studie über die gesundheitsfördernde Wirkung von Volksfesten aus der Tasche. Das Gericht erklärte daraufhin die fristlose Kündigung für ungültig.

Früher war alles leichter. Man hat alle geduzt und diejenigen, die älter waren oder mehr Autorität hatten, gesiezt. Aber mit dem ersten Job erwischte uns die Globalisierung von einer unerwarteten Seite: Das Drama der richtigen Anrede in der internationalen Geschäftswelt begann. „Ich hasse diese Conference Calls mit unserem amerikanischen Headquarter", sagt die Juristin. „Weil sich alle mit Vornamen ansprechen, nenne ich meinen Chef auch Peter, aber sobald wir aufgelegt haben, ist er wieder Herr Schröder."

Die Bankerin macht es so: „Alle deutschen Kollegen, die auch mit dem Amerika-Geschäft zu tun haben, spreche ich mit dem hanseatischen Du an, also ‚Sie' und Vorname." Wir anderen winken ab.

Neidisch sind wir dagegen auf die Werberin – sie duzt einfach alle. Doch sie kann uns trösten: Auch sie sei fast daran verzweifelt, gemeinsame E-Mails an zehn Kunden zu formulieren, von denen sie alle duzt – bis auf einen. Irgendwann fand sie die Lösung: „Ich schreibe die Mails nur noch morgens oder abends", sagt sie. „Dann komme ich nämlich mit ‚Guten Morgen' oder ‚Guten Abend' als Anrede aus."

Die Friseurin knallt eine zerknüllte Brötchentüte auf den Tresen: „Als ich das hier gesehen habe, ist mir doch glatt mein Rosinenbrötchen im Hals steckengeblieben", sagt sie. Ich erkenne den Grund ihres Ärgers, auf der Tüte steht eine Anzeige: „Freuen Sie sich über steigende Preise? Alle Welt spricht über Rohstoffe", und mit dem „Agriculture Euro Fonds" der Deutschen Bank hätten Anleger nun die Chance, von deren Kursanstieg zu profitieren. Es ist kein Witz, sondern wirklich die neueste Werbung der Bank. „Ich bin sofort hin und habe mein Konto gekündigt", wettert die Friseurin, „mit Spekulanten, die am Hunger der Welt verdienen, will ich nichts zu tun haben."

Der VWL-Student zieht seine Augenbraue hoch, während er versucht, die Theke von gleich zwei Spekulationsobjekten zu befreien: Milch- und Weizenmehlreste sind auf der Granitplatte eine Fusion eingegangen und steinhart verklebt. „Und wo willst du dein Geld jetzt anlegen? Ich meine, ganz ethisch korrekt?", fragt er. Das habe sie sich auch schon gefragt, sagt die Friseurin und nippt an ihrem Latte macchiato: „Ich dachte an die Dresdner Bank. Die ist auch nicht so frauenfeindlich wie die anderen." Der VWL-Student sieht sie an: „Superidee. Und dann fusionieren die Deutsche, die Dresdner, die Commerz- und die Postbank zur Riesenbank, und du bist wieder angekommen, wo du heute ausgestiegen bist."

Die Friseurin tippt mit ihrem Zeigefinger gegen ihren Nasenflügel wie immer, wenn sie nachdenkt. „Dann stecke ich mein Geld eben in den Sparstrumpf", sagt sie. Daran verhungerten wenigstens keine Afrikaner.

Kaum habe ich meinen iPod ausgeschaltet, um in Ruhe meinen Illy-Espresso zu trinken, da klingelt auch schon mein Sony-Handy: „Besitz belastet“, ruft meine Freundin ins Telefon und erzählt, dass sie ein Experiment plane: Ab jetzt wolle sie „logofrei“ leben. Nächsten Samstag soll es mit einem großen Initiationsritual losgehen, ihren gesamten Kleiderschrank will sie einschließlich ihrer Designerhandtaschen-Kollektion dem Roten Kreuz spenden. Ich bin baff. Schließlich war ich bisher der Meinung, meine Freundin sei mit Dior-Sonnenbrille und Prada-Stiefeln auf die Welt gekommen.

„Mach mit“, fordert sie mich auf. Wir seien süchtig nach Marken, richtig abhängig von ihnen, beurteilten Menschen viel zu sehr danach, was sie trügen. „Wäre es nicht total interessant zu sehen, wie Menschen auf dich reagieren, wenn du dich nicht mehr mit starken Marken wappnest?“

Ich verneine. Vor allem, weil ich zu geizig bin, eine Kleidersammlung im Neuwert eines Kleinwagens wegzugeben, wie ich mir etwas beschämt eingestehen muss. Dann komme ich aber doch ins Grübeln: Ist es Zufall, dass ich immer dann meinen teuersten Hosenanzug anziehe, wenn ich mich unsicher fühle? Ist der Typ am Nebentisch vielleicht doch kein Nazi, obwohl er ein T-Shirt von Lonsdale trägt? Und vielleicht kommt die Frau an der Bar trotz ihres Versace-Minirocks gar nicht aus Russland?

Langsam kriechen leise Zweifel meinen Nacken hoch, unterstützt von Brad Pitts Worten aus dem Film Fight Club: „Alles, was du besitzt, besitzt irgendwann dich."

Unter Roccos Sonnenschirm wird es eng. Selbst die Friseurin, die sonst keine Gelegenheit auslässt, ihrem Cappuccino-Teint ein Stück näher zu kommen, hat sich in den Schatten geflüchtet. Nur in Roccos Kopf scheint es zu arbeiten, während wir anderen unsere Gehirne auf Standby gesetzt haben. „Also diese Heuschrecken", sagt Rocco. „Ich weiß ja, dass sie Arbeitsplätze und Unternehmen vernichten und am Ende unsere soziale Marktwirtschaft. Aber was sie genau machen, habe ich noch immer nicht begriffen."

Auf einmal ist der VWL-Student voll da: „Was ist daran nicht zu verstehen?", fragt er. „Die suchen sich ein Target, dessen Rendite-Risiko-Verhältnis günstig ist und das einen hohen Cashflow hat, und nutzen dann den Leverage-Effekt."

Rocco blickt hilflos in die Runde. Die Friseurin springt ihm bei. „Ich stelle mir das immer so vor: Die kaufen Firmen, teilen sie in kleine Stücke und verkaufen die Einzelteile dann teurer weiter." So habe zumindest Richard Gere in „Pretty Woman" Julia Roberts seinen Job erklärt.

In diesem Jahr hat sich Rocco ganz besonders auf den Frühling gefreut. „Jetzt kommen endlich die Raucher wieder zu mir“, verkündet er, während er das angegraute Plastikmobiliar über den Gehsteig verteilt. Kaum ist der Kellerstaub abgewischt, sitze ich auch schon draußen, um meine Morgenzeitung zu lesen. Doch die Freude über die ersten Sonnenstrahlen hält nicht allzu lange an: Als ich meinen Espresso bezahlen will, merke ich, dass auch Taschendiebe das Sommerwetter gleich genutzt haben: Mein Portemonnaie ist weg.

Da mir das nicht zum ersten Mal passiert, kenne ich die Nummer der Kreditkarten-Hotline schon auswendig. Aber diesmal habe ich einen anderen Akzent an der Strippe: Auf die Frage, wo mein Gegenüber sitzt, antwortet er: „Bangalore.“

Zum Glück weiß ich mittlerweile auch aus Erfahrung, welche Antworten ich jetzt geben muss. Wenn ich die Fragen des Callcenter-Mitarbeiters verstehen müsste, wäre ich wirklich aufgeschmissen.

Kaum habe ich das Telefonat beendet, spricht Rocco mich an: „Sag bloß, du hast jetzt einfach so den Flug gebucht“, sagt er und tippt sich mit dem rechten Zeigefinger an die Stirn. „Ich arbeite aber immer mit dem Reisebüro zusammen“, versuche ich eine Erklärung. Aber Rocco will mich einfach nicht verstehen: In Zeiten des Internet könne man doch nicht einfach so ein Geschäft abschließen, ohne sich nicht vorher über alle Alternativen informiert zu haben!

„Irgendwo gibt es die Sachen immer noch billiger“, sagt er und weist auf seine neue Espressomaschine: Zuerst hätte er gedacht, unter 5.000 Euro sei sie nicht zu haben. „Aber dann habe ich einen armenischen Internethandel gefunden, und da hat sie nur 4.980 Euro gekostet“, sagt er und wischt liebevoll ein paar Milchspritzer von der blankgeputzten Chrom-Oberfläche.

Ich erinnere mich noch gut an die Wochen, nachdem Roccos alte Maschine ihren Geist aufgeben hatte: Jede freie Minute hat er sich in seinem Mini-Büro vergraben und war in irgendwelchen Online-Foren unterwegs.

Meinetwegen kann er seine Freizeit gerne in der Internet-Isolation verbringen, aber dass er mir immer gleich ein schlechtes Gewissen machen muss! Ich poche auf mein Recht, auch unvollständig informiert Konsumentscheidungen zu treffen. Und traue mich jetzt einfach, auch noch ein Hotel zu buchen, ohne vorher bei Holiday-check.de Erkundungen über den Zustand der Minibar eingeholt zu haben!

„Es gibt auf dieser Welt doch nichts Schöneres als strahlende Kinderaugen", raune ich der Friseurin zu, während ich mein Geschenk aus der Tasche ziehe. Ich bin mir sicher, dass Lucas Klassenkameraden vor Neid erblassen werden, wenn er das Trikot der deutschen Fußballnationalmannschaft zum ersten Mal in der Schule trägt. Mit drei Kästen Bier konnte ich meinen Werber-Freund Freddy dazu bringen, das deutsche Team beim Dreh eines Werbespots so lange zu nerven, bis sie alle auf dem Shirt für Roccos Sohn unterschrieben hatten.

Ohne meine Glückwünsche abzuwarten, reißt Luca das Papier auf. Als er sein Geburtstagsgeschenk von dem blauen Bärchenpapier befreit hat und erkennt, was es ist, reagiert er begeistert – jedoch auf eine etwas andere Weise, als ich erwartet hatte. „Cool, das Trikot ist bei Ebay bestimmt ein Vermögen wert", ruft er und sprintet an seinen Rechner, um den Marktpreis zu überprüfen. Auf der Hälfte des Weges hält er jedoch inne, dreht sich um und kommt zu mir zurück: „Vielleicht sollte ich mit dem Verkauf aber noch bis nach dem Finale warten", überlegt Luca laut. „Meinst du, wenn die Deutschen Europameister werden, steigt der Preis?" Ich antworte mit einem müden Schulterzucken. Rocco legt mir liebevoll die Hand auf den Rücken. „Das ist noch gar nichts", behauptet er. Neulich habe sein Sohn eine Erhöhung des Taschengeldes gefordert – als Inflationsausgleich!

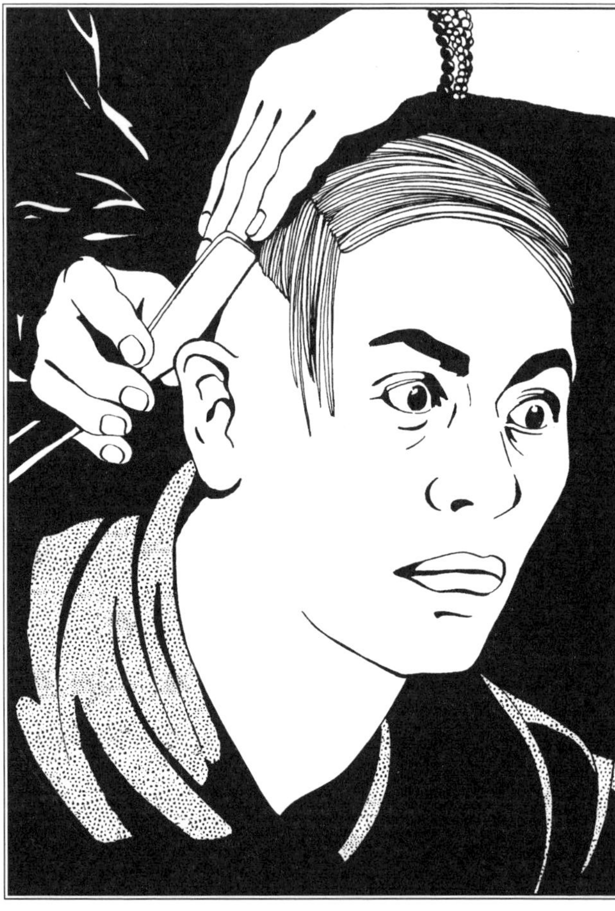

Als er die Friseurin erblickt, steht der Mann auf und verlässt das Café. Sein Glas Latte Macchiato bleibt halbvoll auf dem Tisch zurück. Der Mann hat einen kahlgeschorenen Kopf, auf dem ein großes Pflaster klebt. Als er an der Friseurin vorbeirauscht, raunt er ihr etwas zu, was ich nicht verstehe. Der Tonfall klingt nicht besonders freundlich. Meine Neugier ist geweckt. Kaum hat die Friseurin am Tresen Platz genommen, geselle ich mich zu ihr. „Was war denn da los?", frage ich betont beiläufig. „Ach, das war nur ein ehemaliger Kunde", antwortet sie.

Sie seufzt. Seitdem sie in ihrem Salon konsequent Energie spare, liefen ihr die Kunden davon. Ich bin erstaunt. „Die können sich doch wohl nicht beschweren, weil du jetzt Energiesparlampen benutzt", sage ich. „Na ja, ich bin da etwas drastischer", gibt sie zu. Haare würden nur noch mit kaltem Wasser gewaschen. Es werde nicht mehr trockengeföhnt, sondern trockengerubbelt. Kurzhaarschnitte rasiere sie nicht mehr mit einem Langhaarschneider, sondern nass – deswegen trug der Mann auch das Pflaster auf dem Kopf. Sie zuckt mit den Schultern. „Was soll ich denn machen? Ich kann bei den hohen Energiepreisen meinen Salon doch sonst gleich dichtmachen!"

Der VWL-Student schaltet sich ein. „Wie wäre es denn, wenn du lieber mal dein Auto stehenlassen würdest?", fragt er. Da ließen sich wirklich Kosten sparen! Er habe es schon immer unsinnig gefunden, dass sie für die 200 Meter von ihrer Wohnung zum Salon überhaupt ihr Auto bewege. Aber die Friseurin ist beratungsresistent: „Ich kann ja wohl schlecht mit dem Fahrrad in den Salon fahren“, findet sie. Was sollten denn dann die Kunden denken!

Wutentbrannt knallt die Friseurin ihren Autoschlüssel auf den Tisch: „Ich kaufe mir ein Pferd", stöhnt sie. „Dann muss ich mich nicht mehr über den hohen Ölpreis ärgern." Der VWL-Student runzelt die Stirn. „Ich fürchte, deine Analyse greift zu kurz", tadelt er. Zwar könne man sich beim Umstieg auf ein organisches Fortbewegungsmittel vom Ölpreis abkoppeln – dafür bekomme man aber den Anstieg der Tierfutterpreise zu spüren.

„Ich finde die Idee gar nicht so blöd", schaltet Rocco sich ein. Schließlich könne man bei der Unterbringung des Pferdes von den fallenden Immobilienpreisen profitieren. Außerdem machten die Türken es mittlerweile auch so, sagt er und hält einen Zeitungsartikel hoch. Darin steht, dass die anatolischen Bauern mittlerweile vom Traktor wieder auf den Esel umsteigen – der Dieselpreis macht es nötig. „Binnen Jahresfrist ist der Preis für einen Esel um 553,8 Prozent gestiegen", zitiert Rocco.

Der VWL-Student und ich müssen grinsen, aber die Friseurin findet das gar nicht witzig. „Warum hat mir das keiner früher gesagt?", fragt sie empört. Dann hätte sie vor acht Jahren lieber in Eselfohlen als in den Neuen Markt investiert.

In meinem Café riecht es wie früher. Statt Küchengerüchen hängt nun wieder Zigarettendunst in der Luft. Ich setze mich zu Rocco und dem VWL-Studenten an den Tresen, die sich bei einer Zigarette vom Ansturm zur Mittagszeit entspannen. „Die Vernunft hat gesiegt“, sagt Rocco und bläst einen Rauchkringel in den Raum. Er habe sich in den Monaten des Rauchverbots nicht mehr wie der Herr in seinem eigenen Haus gefühlt, erklärt er. „Was wäre denn als Nächstes gekommen?“, fragt er in die Runde und gibt die Antwort dann selbst: „Die hätten mir bald verboten, meinen Espresso mit einem Keks zu servieren, weil das eine abhängig und das andere dick macht.“

Als die Friseurin das Café betritt, ist es mit der wiedergefundenen Raucherseligkeit jedoch vorbei. Nachdem sie noch an der Türschwelle einmal demonstrativ gehustet hat, geht sie luftfächelnd auf die Theke zu. „Was fällt euch ein, hier wieder zu qualmen?“, fährt sie die beiden an. Wo selbstzubereitetes Essen serviert werde, gelte das Rauchverbot schließlich noch immer!

Nach einer Sekunde des Erstaunens hat sich der VWL-Student gefangen. „Ich weiß gar nicht, was du hast“, sagt er. Schließlich sei die Friseurin doch all die Monate diejenige gewesen, die am vehementesten von allen auf ihr Selbstbestimmungsrecht gepocht habe! „Du wolltest doch sogar auswandern, weil du dich so über die Gängelung durch die

Politik geärgert hast", erinnert er sich. Doch die Friseurin zuckt nur mit den Schultern. „Stimmt", sagt sie. Aber die Zeiten änderten sich eben: „Seit zwei Wochen bin ich Nichtraucherin!"

Die Friseurin blättert nervös durch die Zeitung. „Meinst du, der Atomkonflikt mit dem Iran könnte dazu führen, dass ein dritter Weltkrieg ausbricht?" Ich lege mein Buch zur Seite. „Eher unwahrscheinlich, aber wie kommst du denn darauf?", frage ich. Die Erklärung ist ziemlich wirr, hat zum Kern aber den ewigen Traum der Friseurin, endlich reich zu werden.

Zusammengefasst klingt das etwa so: Ein gewisser Horst-Dieter Esch hat angekündigt, seine Modelagentur Wilhelmina im Herbst an die Börse zu bringen. Die Friseurin ist von der Idee begeistert und plant fest, Wilhelmina-Aktien in ihr Depot zu legen. „Endlich habe ich auch einen Weg gefunden, von den vollkommen überzogenen Modelgagen zu profitieren", erklärt sie. Alle schimpften immer über die hohen Managergehälter, dabei seien die Millionengagen für diese dürren Kleiderständer doch viel skandalöser! Die Sache habe ihrer Ansicht nach nur einen Haken: Der besagte Modelagent hat in Interviews immer wieder angekündigt, ein dritter Weltkrieg könne sein Vorhaben noch stoppen.

Der VWL-Student schüttelt den Kopf. Eine Modelagentur habe an der Börse ungefähr so viel zu suchen wie ein Fußballklub – nämlich gar nichts. Wie solle so etwas auch funktionieren? „Müssen die dazu verpflichtet werden, Ad-hoc-Meldungen herauszuschicken, wenn eines der Mädchen zugenommen hat? Sinkt der Börsenkurs, wenn eine mal wieder in die Entzugsklinik eingewiesen wird?“, fragt er in die Runde. Der ganzen Geschichte kann er eigentlich nur einen positiven Aspekt abgewinnen: Die Begeisterung der Konsumenten für diese pseudoglamouröse Modewelt sei vollkommen konjunkturunabhängig.

Ich treffe den Geiger nach langer Zeit wieder. In den vergangenen Jahren hat er immer, wenn ich ihn sehen wollte, entweder geübt oder irgendwo auf der Welt ein Konzert gespielt. Und wenn wir beide frei hatten, konnte er nicht mit uns in den Skiurlaub fahren, weil die Verletzungsgefahr für seine Hände zu groß war. Nun sitzen wir uns in meinem Café gegenüber, und er bestellt sein drittes Bier. Als ich ihn frage, was ihn nach Frankfurt verschlagen hat, druckst er herum: „Du weißt ja, dass ich früher immer die Musiker verachtet habe, die für eine Handvoll Euro auf einer Firmengala auftreten. Jetzt bin ich selbst einer von denen", sagt er und zieht eine Grimasse.

Er starrt in sein Bierglas, nimmt einen Schluck und lässt das Bier dann langsam die Kehle herunterrinnen. Es sei zwar traurig, aber er brauche dringend das Geld, verteidigt er sich ungefragt. Überall, wo er früher gespielt habe, würden nun Chinesinnen oder Russen engagiert. Er blickt mich unverwandt an. „Wir deutschen Musiker sind die vergessenen Opfer der Globalisierung", sagt er und lacht bitter. Die Schwellenland-Musiker seien jünger, günstiger und fügsamer als ihre Kollegen aus dem Westen, erzählt er. Die totale Ökonomisierung habe eben auch die klassische Musik erreicht.

Der Geiger bestellt sich noch ein Bier. Mit jedem Schluck steigt sein Selbstmitleid. „Als alter Mann bin ich besonders blöd dran", beschwert er sich. Gebucht würden am liebsten

Frauen, die man in tief ausgeschnittene Kleider stecken könne, oder „Wunderkinder“. Er sei somit nicht nur ein Globalisierungs- sondern auch ein Diskriminierungsopfer. Aber das habe bald ein Ende. „Ich werde mich auf die Bühne klagen! Wozu gibt es denn ein Anti-Diskriminierungsgesetz?“

Von Jagdtrophäen und kalkulierter Menschlichkeit

Das Büro des Finanzvorstandes ist kalt, fast schon steril. Hinter dem schweren Stuhl aus schwarzem Leder hängt abstrakte Kunst an der Wand, der gläserne Schreibtisch ist so staubfrei und aufgeräumt, dass er fast schon aseptisch wirkt. Umso mehr verwirrt mich das Foto neben dem Computer. Es zeigt eine junge Frau, die von der Karlsbrücke verträumt auf die Moldau blickt, die langen blonden Haare wehen ihr dabei ins Gesicht. Ein typischer Urlaubsschnappschuss, der in seiner Intimität so gar nicht zum Rest des Zimmers passt. Innerhalb der vollendeten Unpersönlichkeit dieses Raumes wirkt das Foto wie ein verbotener Blick ins Privatleben dieses Mannes. Als ich es sehe, bin ich peinlich berührt.

Nach dem Interview fahre ich in mein Café, um mir dort ein paar Notizen zu machen. Aber irgendwie lässt mich dieses Foto nicht los. „Warum stellen sich einige Leute Bilder von ihrer Familie auf den Schreibtisch und andere nicht?“, frage ich die Friseurin. Sie denkt einen Moment nach. „Bei Männern ist die Sache doch klar. Das Foto ist ebenso eine Jagdtrophäe wie das Geweih an der Wand – zumindest, wenn die Frau hübsch ist“, sagt sie dann.

Der VWL-Student schüttelt vehement den Kopf. Diese Bilder von der liebenden Ehefrau und den wohlgeratenen Kinderlein auf dem Schreibtisch erfüllten eher einen strategischen Zweck, behauptet er. „Diese Typen dekorieren ihr Büro doch bloß mit Familienfotos, damit ihre Angestellten nicht vergessen, dass sie einem Menschen gegenübersitzen – wenn er trotz eines Rekordgewinns wieder einmal der halben Belegschaft kündigt.“

Vom VWL-Studenten

Der VWL-Student, der VWL-Student: So schreibt Judith Lembke, die Autorin, immer über mich. Woche für Woche, seit nunmehr gut zwei Jahren. Jetzt ist sie endlich mal im Urlaub. Nun rede ich.

Zugegeben, hier in unserem Café fehlt die hübsche Frau, die immer Espresso schlürft und Notizen macht, schon ein wenig. Aber damit leben wir anderen, Rocco, die Friseurin und ich, gern. Wenn wir dafür die Schmähungen in der Kolumne mal zwei Wochen lang nicht ertragen müssen.

Was spricht eigentlich dagegen, die Welt in jeder Lage aus wirtschaftlicher Sicht zu betrachten – wie die Autorin mir immer vorwirft? Wir Ökonomen fragen stets: Was kostet's, was bringt's? Heiraten zum Beispiel. Ist doch nur ein Tauschgeschäft. Zwei Haushalte tun sich zusammen, weil sie gemeinsam mehr Güter produzieren können als allein. Das erklärt, warum reiche alte Männer oft junge hübsche Frauen heiraten. Geld und Schönheit sind komplementäre Produktionsfaktoren, sagen wir VWLer. Sie ergänzen sich.

Die Friseurin stößt mich kräftig in die Seite. Sie sagt, ich solle den Lesern lieber mal erklären, warum ich im 24. Semester immer noch studiere. Das ist doch in diesem Buch schließlich immer wieder zu lesen. „Lebenslanges Lernen", ist meine Antwort. Sie guckt misstrauisch. „Die Liebe zur Wissenschaft?", wag' ich einen zweiten Versuch. Kopfschütteln. „Wegen der Bibliothek?" „Deine drei VWL-Bücher kennst du doch lange auswendig."

Na gut, ich kann's nicht ändern, sie besteht auf einer ökonomischen Erklärung. „Der Nutzen von Semesterticket, Ermäßigung im Schwimmbad und gelegentlichen Zuwendungen meiner Eltern übersteigt die Kosten meiner Immatrikulation im langfristigen Mittel."

Von der Friseurin

Psst, nicht weitersagen! Während Judith im Urlaub ist, habe ich ihre Arbeit feindlich übernommen. Eigentlich mag ich die Judith. Aber sie lässt mich nie ausreden. Lieber schreibt sie, welchen Nagellack ich gerade drauf habe. Dafür ist immer Platz. Sie braucht Leser, das ist ihr Job, sagt sie. Aber muss sie deshalb so tun, als hätte ich von Wirtschaft weniger Ahnung als Rocco oder der VWL-Student? Als hätte ich nur Fransenponys und Haar-Extensions im Sinn? Stimmt nämlich nicht. So ökonomisch wie ich denkt keiner im Café.

Das Thema Globalisierung hat mich schon im Alter von 15 beschäftigt, als Judith noch grübelte, wer süßer ist: Chesney Hawkes oder der Mathereferendar. Ich aber habe der Fratze der Globalisierung in die Augen geblickt – und Friseurin gelernt. Denn den Job kann man nicht nach Polen oder China verlagern. Ha! Da schluckt der VWL-Student. Die ökonomischen Analysen der Zukunft kommen bald von einer Gruppe kluger Inder. Und Judith wird durch eine sprachbegabte Tschechin mit einer Schwäche für Espresso ersetzt. Von wegen, Bildung lohnt sich. Ich schnibbele dann weiter Haare und gebe den beiden ab und zu einen Cappuccino aus.

Von Rocco

Mamma mia, ist das trostlos, seitdem die Hanseatin in den Urlaub gefahren ist. Eigentlich mag ich Judith – trotz ihrer kecken Sprüche. So behauptet sie, ich hätte ein paar Pfunde zu viel um die Hüften (was natürlich nicht stimmt!!!), und außerdem findet sie meine Klamotten eines Penners würdig. Dabei lasse ich sie sogar in meiner Küche ihre französischen Zigaretten qualmen, seitdem es dieses blöde Rauchverbot gibt. Aber hätte sie doch nur das Duo infernale mitgenommen! Von wem ich rede? Natürlich von der Friseurin und dem arbeitsscheuen Nichtsnutz, diesem VWL-Studenten im was-weiß-ich-wievielten Semester.

Die Friseurin jammert unablässig: Der Hund ist ein Weichei, ihre Angestellte verlangt frecherweise einen Lohn, von dem sie leben kann, und ihre Männerbekanntschaften lösen sich spätestens dann in Luft auf, wenn sie ihnen das Toupet richten will. Mittlerweile greife ich zum iPod und höre Nessun' Dorma, wenn die Litanei anfängt.

Dafür habe ich den VWL-Studenten geplättet, als der wieder Fachchinesisch reden wollte. „Wirtschaft ist ganz einfach", habe ich gesagt. „Wenn du bei mir viel trinkst und deine Zeche sofort zahlst, läuft die Wirtschaft gut. Wenn du wie üblich nur wenig trinkst und auch noch anschreiben lässt, läuft die Wirtschaft schlecht. Basta!" Da hat er mich ganz verdattert angeguckt und gesagt, er müsse im Lehrbuch nachsehen, ob meine Erklärung im Einklang mit der modernen Theorie stehe. Incredibile! Zum Glück kommt Judith bald wieder – denn sie lässt wenigstens nicht anschreiben. Dafür darf sie sogar weiter behaupten, ich hätte ein paar Pfunde zu viel um die Hüften (was natürlich nicht stimmt!!!). In diesem Sinne: Ciao, bella!

Einer der Lieblingssprüche meiner Mutter lautet: „Wenn die Katze unterwegs ist, tanzen die Mäuse." Wie wahr! Kaum gönnt man sich einmal drei Wochen Urlaub, gerät die Welt aus den Fugen! Statt zum Cocktail laden meine Banker-Freunde zu wehmütigen DVD-Abenden („Wall-Street"). Aus Raubtierkapitalisten sind Staatsinterventionisten geworden, und in meinem Café bahnte sich ein Putsch an. Zum Glück konnte ich dem Treiben rechtzeitig Einhalt gebieten. „Sonst hätten die noch ausgeplaudert, dass du Basel II im ersten Semester für ein Schweizer Atomkraftwerk gehalten hast", sagt meine Freundin.

Ich will mich also gar nicht beschweren – außerdem habe ich viel gelernt: Nun weiß ich, dass ich die Friseurin immer unterschätzt habe – sie kann sogar schreiben! Der VWL-Student hat ein Semesterticket (warum will er immer mein Auto leihen?), und Rocco leidet unter meinen gutgemeinten Gesundheitstipps. Dabei würde ich niemals behaupten, dass er zu viel auf den Rippen hat! Wenn er mich jedoch fragen würde, könnte ich ihm die Montignac-Diät empfehlen.

Kennst du dich eigentlich mit der norwegischen Krone aus?", fragt der VWL-Student, während er die Espresso-Tasse in meine Richtung über den Tisch schubst. Normalerweise nervt mich seine fahrige Art immer ein bisschen, aber im Moment habe ich für alle Verständnis, die nervös sind. Ich bin es schließlich auch. Den Grund für seine Frage finde ich allerdings doch übertrieben: „Wenn der Euro auseinanderbricht, weil Spanien Staatsbankrott anmelden muss, ist derjenige fein raus, der sein Geld in einer sicheren Währung angelegt hat."

Ich schüttele vehement den Kopf: „Das ist ungefähr so, als würdest du jetzt auf die Malediven auswandern, weil du damit rechnest, dass ein riesiger Meteorit ganz Europa zerstören wird", sage ich. Aber der VWL-Student ist von seiner Theorie überzeugt. „Ich habe da mit ein paar Bankern gesprochen", sagt er wichtig. Und die hätten ihm erzählt, dass sie sich ihr Gehalt mittlerweile nur noch in Gold auszahlen ließen, weil sie keiner Bank mehr vertrauten. Am wenigsten ihrem eigenen Arbeitgeber.

„Jetzt weiß ich auch, wo das ganze Gold geblieben ist", kreischt die Friseurin, die gerade zur Tür hereinkommt. Atemlos erzählt sie, dass sie auf der Suche nach Goldbarren das ganze Rhein-Main-Gebiet abgefahren sei. Doch jeder einzelne Händler war ausverkauft. „Jetzt haben diese Banker nicht nur unser ganzes Geld verzockt, sondern reißen sich auch noch die einzige sichere Anlagemöglichkeit unter den Nagel", stöhnt sie. Doch der VWL-Student kann sie beschwichtigen. „Wenn Merkel die Banken erst verstaatlicht hat, sind die schon genug bestraft." Dann seien die ach so coolen Investmentbanker auf einmal nur noch graue Investmentbeamte, sagt er voller Genugtuung.

Einmal im Jahr wird der VWL-Student im mittlerweile 25. Semester mit seinem Versagen konfrontiert. Dann reist es in Person von Achim, einem ehemaligen Kommilitonen, zur Frankfurter Buchmesse an. Nach drei Semestern brach Achim damals das Wirtschaftsstudium ab und schrieb sich für Germanistik ein. Achim erzählt jedes Jahr wieder gerne, dass der VWL-Student ihm damals eine Karriere als Taxifahrer prophezeite.

Mittlerweile ist Achim Lektor in einem renommierten Literaturverlag – womit der VWL-Student sein Geld verdient, wissen wir ja. Ich bin überzeugt, dass er sich diese jährlich wiederkehrende Schmach nur deshalb antut, weil Achim ihn auf alle Buchmessen-Partys mitschleppt. Und da ist nicht nur der Alkohol umsonst, der VWL-Student schätzt die Partys außerdem als Krisenfrühindikator. „Die Rezession ist noch tiefer, als ich dachte", sagt er, während er sich eine Aspirin ins Wasserglas bröselt. Die Weinauswahl lasse auf geschrumpfte Marketingbudgets der Verlage schließen, und die Röcke der PR-Damen seien länger als im Vorjahr. „Tiefe Rocksäume bedeuten fallende Börsenkurse", sagt er bedeutungsschwer. Am meisten hat ihn aber verstört, dass sich einige Autoren mit ihm über Wirtschaft unterhalten wollten. „Dann muss die Panik wirklich groß sein."

Ein fröhliches „Gott kvöld“ schallt mir entgegen, als ich das Café betrete. Die Friseurin ist stolz: „Das ist Isländisch und heißt ‚Guten Abend‘“, erklärt sie. Ich blicke sie fragend an: Noch vor zwei Wochen hatte sie behauptet, dass jeder Isländer ein Verbrecher sei und man diese Insel im Nordatlantik versenken müsse, weil sie nicht an ihr bei Kaupthing angelegtes Geld kam. Woher rührt also dieser Meinungsumschwung?

„Ich hole mir mein Geld zurück“, sagt sie und hält mir ein Flugticket von Icelandair unter die Nase. Vor sechs Wochen hätten Hin- und Rückflug noch 600 Euro gekostet, jetzt habe sie nur 199 Euro bezahlt. „Da bekomme ich dann von den 5.000 Euro, die Kaupthing mir gestohlen hat, schon 400 Euro zurück“, sagt sie und rechnet weiter. Dank des drohenden Staatsbankrotts bekomme man auf dem Schwarzmarkt mittlerweile 350 Kronen für einen Euro. Vor der Krise sei das Verhältnis 1:90 gewesen. Anstatt 50 Euro koste ein Abendessen mittlerweile nur noch zwölf Euro, und eine Flasche Riesling sei schon für sieben statt 25 Euro zu haben.

Mein Einwand, dass man für sieben Euro auch in Deutschland einen vernünftigen Weißwein bekomme, überhört sie einfach. Vor allem frage ich mich jedoch, was die Friseurin, die im Urlaub am liebsten unter gleißender Sonne am Hotelpool brät, im Winter auf Island zu suchen hat.

„Du weißt, dass die Durchschnittstemperatur dort im November etwa 0 Grad beträgt?“, frage ich zaghaft. Doch die Friseurin hat auch dafür eine Lösung: „Danach fahr’ ich von dem gesparten Geld zwei Wochen nach Gran Canaria und erhole mich von der Reise!“

Langsam kommt mir die gute Laune der Friseurin etwas unheimlich vor. Normalerweise wähnt sie Deutschland immer schon in der Rezession, wenn sie vor dem Café einen Parkplatz findet. Das sei ein Zeichen, dass die Deutschen keine Autos mehr kauften, behauptet sie dann immer. Aber jetzt, wo selbst Rocco zum ersten Mal darüber nachdenkt, den Parma-Schinken bei Aldi zu kaufen, versprüht sie Optimismus. „Ich werde zu den Krisengewinnern gehören", behauptet sie. Schließlich müssten die Menschen sich gerade in schwierigen Zeiten mal etwas gönnen – eine neue Frisur zum Beispiel. Sie kramt in ihrer Tasche und zieht einen Hochglanz-Katalog hervor. „Das ist Shampoo mit Kaviar-Extrakt. Eine Flasche kostet 50 Euro", erklärt sie. Davon habe sie jetzt 500 Flaschen geordert.

Der VWL-Student schüttelt den Kopf. „Das funktioniert doch genau umgekehrt", behauptet er. Anstatt teurer Kosmetik ohne Wirkung benutzten die Frauen in Krisen mittelteure Kosmetik ohne Wirkung. Aber die Friseurin lässt sich nicht beirren. „Dann verkaufe ich in meinem Salon eben Süßigkeiten. Dass die Menschen in schweren Zeiten mehr Schokolade essen, wird hier ja wohl niemand bezweifeln!"

Versonnen blickt Rocco seinem Sohn hinterher, der ihn gerade wieder um 20 Euro erleichtert hat. „Kinder sind einfach das Größte", erklärt er der Friseurin, während er die Kasse mit einem Schwung schliesst. „Warum hast du eigentlich noch keine Bambini?" Die Friseurin rührt verloren in ihrem Milchkaffee. „Ach, weißt du, für Kinder habe ich keine Zeit. Für mich ist der Salon meine Familie." Ich verdrehe die Augen. Ich weiß zwar, der Spruch stammt aus ihrer neuen Bibel „Siegen lernen. Karriere-Amazonen verraten ihre geheimen Erfolgsstrategien". Aber das macht die Gleichsetzung von Kindern mit Angestellten nicht besser. Ich bin mir nicht sicher, ob die Vorstellung schlimmer ist, dass ein Chef seine Angestellten wie Kinder behandelt – oder seine Kinder wie Angestellte.

Ich schlage der Friseurin vor, sie solle in Zukunft zu ihrer Standardantwort auf die Babyfrage zurückkehren. Früher hat sie immer erklärt, sie brauche keine Kinder. Sie habe schließlich einen Hund.

Meine Freundin hat wieder angefangen zu rauchen. Ziemlich genau alle dreißig Minuten muss ich mir aufs Neue einen Mantel umhängen und aus der Wärme meines Cafés in die verschneeregnete Dezemberkälte treten, damit wir weiterreden können. Irgendwann später, nachdem fast alle anderen Gäste gegangen sind, zeigt Rocco doch noch einmal sein großes Herz und stellt wortlos einen Aschenbecher auf unseren Tisch. Ich weiß nicht, ob es statistisch zu belegen oder nur mein persönlicher Eindruck ist, dass wieder mehr Menschen rauchen, seitdem überall von Rezession und Arbeitsplatzabbau die Rede ist. Bei meiner Freundin trifft das auf jeden Fall zu.

Wir haben uns getroffen, um auf ihre Nichtentlassung anzustoßen. Aber nach ihrem dritten Glas Prosecco kommt dann doch alles anders. „Ich hatte vor der Situation total Angst", sagt sie und pustet einen Rauchring in die Luft. „Aber als ich am Montag dann keine Kündigung im Briefkasten hatte, habe ich mich nicht gefreut, sondern einfach nur leer gefühlt." Ich blicke sie verwundert an, aber sie bemerkt meinen Blick gar nicht, sondern starrt gebannt auf ihre glimmende Zigarettenspitze. Auf einmal sei ihr bewusst geworden, dass eine Kündigung gar nicht die erwartete Tragödie, sondern die Chance bedeutet hätte, endlich das zu tun, was sie sich bisher nicht getraut hat. „Alle haben mir immer gesagt, wie glücklich ich mit meinem Job sein muss – mein Freund, meine Eltern, meine

Freunde." Sie hätten nie verstanden, wenn sie ihre Bankkarriere aufgegeben hätte, um Schmuck zu entwerfen. Sie seufzt: „Die Kündigung wäre eine großartige Möglichkeit gewesen, einem familiären Konflikt aus dem Weg zu gehen." Jetzt müsse sie sich der Diskussion stellen. Aber an ihrer Entscheidung sei nicht zu rütteln: „Ich drehe den Spieß einfach um. Ich gehe von alleine und nutze die Abfindung als Startkapital für meinen eigenen Schmuckladen!"

Seit dieser Woche sehe ich die Friseurin mit anderen Augen. Ich habe nämlich erfahren, dass sie einer aussterbenden Art angehört. Bislang gehörten Friseurberuf und eine gesunde Gesichtsbräune für mich zusammen wie der deutsche Spießer und sein Dackel. Aber nun musste ich lesen, dass sich die Solarien in Deutschland in einer Existenzkrise befinden. Seit der Jahrtausendwende hat sich die Zahl der Bräunungsstudios halbiert! Anscheinend gehen noch nicht einmal Friseure, Jeansverkäufer und Zahnarzthelferinnen heute noch regelmäßig ins Solarium.

Mal wieder soll die Mode schuld sein: Im Gesicht gilt Hellbraun als das neue Dunkelbraun. Nur die Friseurin setzt noch immer auf den Dieter-Bohlen-Teint. Irgendwie bin ich ihr dafür sogar dankbar. Schließlich musste ich mich in diesem Monat schon von einem anderen Klischee verabschieden: Weil immer weniger Menschen ihr Auto waschen, ist der Absatz von Autopflegemitteln bedrohlich geschrumpft. Und das in Deutschland! Nur Rocco wäscht jeden Samstag noch liebevoll seinen Fiat Gran Turismo. Langsam beginne ich den Demografen zu glauben. Die deutsche Gesellschaft ist wohl wirklich nur durch Einwanderung zu retten.

Auch in diesem Jahr gehört die kleine Vorweihnachtsfeier in meinem Café wieder zum Pflichtprogramm im Advent. Es gibt dann selbstgebackene Biscotti, die Bar wird mit einer psychedelisch blinkenden Lichterkette geschmückt und der Glühwein schmeckt viel zu süß, weil Roccos „kleiner Schuss" Amaretto immer viel zu groß ausfällt. Außerdem machen wir Julklapp, oder „wichteln", wie es hier im Süden heißt.

Im vergangenen Jahr habe ich von Roccos Mamma eine Madonnenstatue aus Vollplastik mit dem Jesuskind im Arm bekommen. Wenn man dem Christuskind auf den Bauch drückte, begann der Heiligenschein um den Kopf zu leuchten und es ertönte ein italienisches Weihnachtslied. Da wir ja immer zum Recycling angehalten werden, habe ich das Geschenk zwei Wochen später gleich weiterverwendet. Beim redaktionsinternen Scheußlichkeiten-Julklapp bin ich damit sogar Sieger geworden.

Aber dieses Jahr stellt sich die Friseurin quer. Als wir gerade auslosen wollen, wer wen beschenkt, macht sie den Vorschlag, Weihnachten dieses Mal doch im Sommer zu feiern. Wir finden die Idee total abstrus und fragen sie nach dem Grund. Irgendwann rückt sie dann mit der Sprache raus: „Wenn jetzt eine Deflation kommt, lässt sich viel Geld sparen, wenn man mit der großen Bescherung noch ein halbes Jahr wartet."

 Rocco und ich sind einfach erstaunt, aber der VWL-Student wird richtig wütend: „Wegen Leuten wie dir geht alles den Bach herunter", wirft er ihr vor. Wenn alle nur abwarteten, bis alles billiger wird, und keiner mehr konsumiere und investiere, gebe es im nächsten Jahr noch mehr Arbeitslose! Die Friseurin schmollt, hat dann aber doch ein Einsehen. Schließlich wolle sie ja keine neuen Hartz IV-Empfänger auf dem Gewissen haben, erklärt sie. Aber eine Bedingung hat sie doch: Die Preisgrenze für das Geschenk muss bei drei Euro liegen!

Absacker

An dieser Stelle möchte ich mich einmal ganz ausdrücklich bedanken. Und zwar bei T-Mobile, Vodafone, E-Plus und wie die Mobilfunkanbieter noch so heißen. Normalerweise gehört die Handybetreiber-Schelte ja ebenso zum guten Ton wie Beschwerden über die Deutsche Bahn. Aber ich muss sie ausnahmsweise einmal loben. Und zwar dafür, dass sie es nach all den Jahren noch immer nicht geschafft haben, ihre Netze fit für Silvester zu machen. Davon profitiere ich nämlich gleich dreifach.

Zunächst mal erzähle ich all meinen Freunden und Verwandten schon vorher, dass ich gar nicht versuchen werde, sie anzurufen – wegen der Netzüberlastung sei in dieser Nacht ohnehin kein Durchkommen. Stattdessen kann ich um kurz nach Mitternacht ganz entspannt in den Himmel gucken und mich fragen, ob ich mich traue, eine Rakete anzuzünden oder doch lieber bei den Wunderkerzen bleibe.

Zweitens trägt der Fernsprech-GAU maßgeblich zum Gelingen jeder Silvesterparty bei. Die meisten Besucher scheinen um Mitternacht nämlich grundsätzlich lieber mit Menschen sprechen zu wollen, die nicht anwesend sind, statt mit den anderen Gästen. Vor allem die Friseurin neigt sonst dazu, sich zwischen zwölf und zwei Uhr auf dem Damenklo des Cafés einzusperren, um jedem in ihrem Adressbuch eine SMS zu schreiben.

Drittens hat mich die Nichterreichbarkeit wenigstens ein paar Stunden vor den immer zahlreicher werdenden Apokalyptikern in meinem Freundeskreis verschont. Denn jede zweite Neujahrsnachricht begann in diesem Jahr mit den Worten „Trotz der Krise wünsche ich Dir …“.

Seitdem Rocco im vergangenen Jahr das Modem gegen einen Breitband-Internetanschluss ausgetauscht hat und neuerdings sogar „twittert“, ist die Digitalisierung seines persönlichen Umfelds nicht mehr zu stoppen. Seine neueste Idee ist nun, dass er nicht mehr in Stadtmagazinen und auf Handzetteln für sein Café wirbt, sondern im Internet. „Wenn man die Wörter Café und Frankfurt bei Google eingibt, muss ich ganz oben stehen. Alles andere ist doch Mittelalter und bringt sowieso nichts“, ist er überzeugt.

Natürlich versuche ich, ihm diesen Plan auszureden. Das hat zunächst einmal ganz egoistische Gründe, schließlich habe ich keine Lust, mein Wohnzimmer bald mit lauter Unbekannten zu teilen. Außerdem habe ich mit Online-Werbung zwiespältige Erfahrungen gesammelt. Als ich neulich meine Fotos bei Facebook hochgeladen habe, entdeckte ich in der rechten Spalte eine Anzeige. „Sind Sie Jude?“, wurde ich da gefragt. Aus lauter Neugier klickte ich die Anzeige an. Es handelte sich um Werbung für DNA-Tests.

Auch das vielgelobte Suchmaschinen-Marketing fördert oft ziemlich seltsame Ergebnisse zutage. Als ich mich neulich über Reiseziele in Russland informieren wollte, wurden mir nur Kontaktseiten angezeigt, von denen „Schöne polnische Frauen“ noch eine der harmloseren war. Ich weiß nicht, welche Assoziationsketten diesen Anzeigen zugrunde liegen. Wenn Suchmaschinen-Marketing nicht nur frustrierte Männer jenseits der Midlife-Crisis erreichen soll, ist es in vielen Fällen zumindest verbesserungswürdig.

Im Autoradio höre ich, dass der Ausbau der Kinderbetreuung langsam vorangeht. Nur ein kleiner Teil der vom Bund bereitgestellten 2,1 Milliarden Euro sei von den Ländern bislang abgerufen worden, heißt es. 2,1 Milliarden Euro – wie lange ist um dieses Geld gerungen worden! In einer Woche, in der die Regierung nachts kurzerhand ein Konjunkturpaket in Höhe von 50 Milliarden Euro beschließt und weitere Milliarden in marode Banken steckt, wirkt der Betrag gerade noch wie ein großzügiges Trinkgeld. Auf dem Weg ins Café fahre ich noch kurz bei der Post vorbei, wo ich Sergio treffe, der bei der Deutschen Bank arbeitet und jetzt gerade Briefmarken kauft. Er hätte mit seinen Kollegen abgemacht, anstatt E-Mails nun wieder mehr Briefe zu verschicken, erzählt er. Eine „Maßnahme zur Arbeitsplatzsicherung" nennt Sergio das.

Wir setzen unser Gespräch bei einem Espresso in meinem Café fort. Doch anstatt der bestellten Heißgetränke knallt der VWL-Student die „Bild"-Zeitung auf unseren Tisch. „Jetzt, da der Staat über die Post sogar bei der Deutschen Bank eingestiegen ist, hätte ich von denen wirklich die Schlagzeile ‚Wir sind Bank' erwartet", sagt er enttäuscht.

„Endlich tun die da oben mal etwas", schaltet sich die Friseurin ein. Sie wolle auch einmal in Berlin nachhorchen, ob man sich nicht an ihrem Salon beteiligen wolle. Der VWL-Student schüttelt den Kopf. „Seit am Freitag selbst die

Pornoindustrie staatliche Finanzhilfen gefordert hat, sind wirklich alle Dämme gebrochen", sagt er. Wenn das in der Wirtschaftspolitik so weitergehe, könnte die „Bild"-Titelzeile bald „Wir sind wieder DDR" lauten.

Schade, aber das Spiel ist aus. Ein paar Monate haben sich der VWL-Student und die Friseurin einen ziemlich unterhaltsamen Wettbewerb geliefert, wer es länger aushält, die bösen Briefe der GEZ zu ignorieren. Die Friseurin sieht nicht ein, Rundfunkgebühren zu zahlen, weil sie ohnehin nur RTL II guckt. Und der VWL-Student behauptet, er würde sich weigern, einer Institution Geld zu bezahlen, die sich „Gebühreneinzugszentrale" nennt. Außerdem gehe es ihm bei dieser grundunsympathischen Behörde um das Prinzip. Nun hat die Friseurin jedoch aufgegeben. „Ich habe ein Autoradio angemeldet", gesteht sie dem VWL-Studenten kleinlaut bei einem Latte macchiato mit Karamel-Aroma. Sie habe den Psychoterror via Post einfach nicht mehr ausgehalten. „In ihrem letzten Brief haben sie mir mit ‚weiteren Schritten' gedroht. Ich dachte, die schicken bald Moskau Inkasso vorbei", berichtet sie.

Der VWL-Student schlägt mit der flachen Hand so stark auf den Tisch, dass die Marmorplatte wackelt. „Diese Typen nutzen die Unwissenheit der Bürger, um ihnen Angst zu machen", echauffiert er sich. Dabei hätten sie überhaupt keine rechtliche Handhabe gegen zahlungsunwillige Rundfunknutzer.

Um den Beweis anzutreten, berichtet er von seinem jüngsten Coup gegen die GEZ. Als neulich mal wieder ein Eintreiber vor der Tür stand, habe er ihn freundlich hereingebeten und ihm sogar freiwillig seinen Fernseher gezeigt, berichtet er. Die Friseurin erschrickt: „Aber dann musst du doch ganz viel Strafe zahlen?" Doch der VWL-Student zeigt sich siegesgewiss: „Ich habe gesagt, ich würde das Gerät nur nutzen, um DVD zu gucken. Wie soll er mir denn das Gegenteil beweisen?"

Die Friseurin zieht ihr Hosenbein ein Stück hoch, damit ich ihre neuen Schuhe von allen Seiten bewundern kann. „Christian Louboutin", verkündet sie stolz. „Aber das erkennt der Fachmann ohnehin sofort an der roten Sohle." Die Schuhe seien ein echtes Schnäppchen gewesen: Von 700 auf 550 Euro heruntergesetzt! Während ich mich vor allem frage, wie sie es auf den Absätzen überhaupt vom Auto ins Café geschafft hat, beschäftigen Rocco ganz andere Dinge: „Dass du dich in dieser Krise überhaupt noch traust, so viel Geld auszugeben! Hast du denn keine Angst vor dem, was vielleicht noch kommt?"

Der VWL-Student ist über die Konsumlust der Friseurin gar nicht erstaunt. Schließlich liege sie doch bloß im allgemeinen Trend, sagt er. Am gleichen Tag, an dem der Internationale Währungsfonds die schlimmste Rezession der Nachkriegszeit prognostiziert und ein konjunkturelles Horrorszenario für Deutschland an die Wand gemalt hat, wurde auch das aktuelle Konsumklima veröffentlicht – es bleibt stabil.

„Irgendwie ist das mit der Finanzkrise ein bisschen wie mit dem Rauchen", findet der VWL-Student. „Jeder Raucher weiß, dass er die Folgen jeder einzelnen Zigarette irgendwann einmal tragen muss. Aber bis es so weit ist, raucht er einfach weiter und gruselt sich immer ein wenig, wenn er liest, dass sein Laster Lungenkrebs verursacht und die Haut schneller altern lässt." Im Moment würden viele Menschen noch den

Gedanken an die Auswirkungen der Krise verdrängen. Die Friseurin schüttelt den Kopf. Sie verdränge gar nichts, behauptet sie: „Ich shoppe einfach lieber heute, weil ich es mir morgen vielleicht schon nicht mehr leisten kann!“

In meiner Kindheit stand ich mit Modelleisenbahnen auf Kriegsfuß. Immer wenn mich mein Vater in der Adventszeit ärgern wollte, drohte er damit, mir zu Weihnachten eine Modellbahn zu schenken. Dabei standen auf meinem Wunschzettel ganz andere Dinge.

Irgendwann sah mein Vater ein, dass mein Herz nie für Modelleisenbahnen schlagen würde – kaufte aber trotzdem eine. Für sich selbst. Eine Märklin. Seine Augen leuchteten. Seitdem habe ich das Modellbahn-Kriegsbeil begraben. Als Märklin vergangene Woche seine Pleite bekanntgab, wurde ich richtig wehmütig. Marken-Nostalgiker machen im Moment aber auch wirklich schwere Zeiten durch: Erst musste Rosenthal, der Hersteller von Omas Kaffeeservice, Insolvenz anmelden, und jetzt gibt Papas Eisenbahnbauer auf.

Darauf verabrede ich mich mit der Friseurin im Café – auf einen Eierlikör, schließlich müssen wir verhindern, dass auch noch der Familienfest-Klassiker Verpoorten vor die Hunde geht. Sie ist auch geknickt. „Es ist genauso wie bei Barbie", sagt sie mit belegter Stimme, „immer weniger Mädchen wollen mit ihr spielen. Dabei wird sie doch dieses Jahr 50." Sie habe sowieso nie verstanden, warum andere immer so schlecht auf ihre Lieblingspuppe zu sprechen waren: „Sie ist doch total modern, hatte 104 Jobs, war Basketballspielerin und Präsidentschaftskandidatin!" Vor allem aber besitze sie mittlerweile mehr als eine Milliarde Schuhe.

Als ich nach Hause komme, hole ich den Kassettenrekorder aus dem Keller und höre zum Trost eine TKKG-Kassette. Aber die Geschichte erscheint mir auf einmal so klischeehaft, abgedroschen und erwartbar. Vielleicht bin ich jetzt auch in dem Alter, in dem ich mir eine Modellbahn kaufen sollte.

Zur Feier des Tages gibt die Friseurin einen Prosecco aus. Seit sie ein neues Geschäftsfeld entdeckt hat, läuft ihr Salon nämlich wieder deutlich besser: Neuerdings bietet sie eine Typberatung für Finanzleute an. Auf die Idee hat sie ihr Stammkunde, ein Investmentbanker, gebracht: „Ihm war jeder Haarschnitt recht, nur seine alte Gelfrisur sollte ich ihm auf keinen Fall wieder machen“, sagt sie. Weil er dienstlich nach Island musste, wollte er es vermeiden, als Banker erkannt zu werden. „Wir haben uns dann auf ‚Typ Architekt‘ mit halblangen Haaren, schwarzem Rolli und Designerbrille mit dunkler Fassung geeinigt“, erzählt sie.

Mittlerweile habe sie ihr Portfolio noch um „Typ Biologe“ mit Igelschnitt und Cordhose und „Typ Soziologe“ mit Dreadlocks und Kapuzenpulli erweitert. „Nur als Journalist wollte sich keiner umstylen lassen“, sagt sie und wirft mir einen mitleidigen Blick zu. Die seien ja genauso unbeliebt wie sie selbst, habe sie von den Bankern immer wieder gehört.

Irgendwie muss ich überhört haben, dass Rocco seine jährliche Faschingsparty diesmal unter ein Motto gestellt hat. Nun stehe ich im Hexenkostüm zwischen lauter Männern in Anzügen, die sich einen Strick um den Hals gebunden haben. Die Verkleideten wollen Investmentbanker sein, das Thema ist „Finanzkrise" – haha, wie originell. So deplaziert habe ich mich seit dem Weihnachtssingen in der vierten Klasse nicht gefühlt. Damals trugen alle meine Klassenkameraden ein weißes Hemd. Nur ich trug einen Pulli. In Neonpink.

Im Gewühl erspähe ich den VWL-Studenten. Ich schnappe mir noch schnell ein Kölsch und schaue ihn mir mal genauer an. Auch er trägt einen Anzug, aber einen uralten Dreireiher samt Uhrkette. Er hat sich ein Buch um den Hals gebunden, der Titel „The road to serfdom" ist durchgestrichen. Unter dem Titel von Hayeks Hauptwerk steht nun in großen Lettern „General Theory". „Ich bin ein Neu-Keynesianer", erklärt er fröhlich.

Immerhin hat sich noch nicht einmal Rocco seinem eigenen Motto gebeugt. Sein gesamtes Kostüm ist mit weißen Wattebäuschchen beklebt. Frau Holle? „Nein", dementiert Rocco entschieden, „ich bin Bernie Madoff, und das ist mein Schneeballsystem!"

 Nur auf die Friseurin ist Verlass, denke ich erfreut. Mit ihrem pinkfarbenen Kostüm und den toupierten wasserstoffblonden Haaren geht sie wie jedes Jahr als Barbie. Aber als sie ihre Jacke aufknöpft und darunter ein gelbes T-Shirt mit der Aufschrift „Conti“ hervorblitzt, ahne ich Böses. „Ich bin Maria-Elisabeth Schaeffler“, klärt sie mich auf. Aber warum trägt sie dann ein Vampirgebiss? „Das ist mein Raffzahn“, verrät sie. „Erst fresse ich Conti auf und dann das Geld der Steuerzahler!“

Eigentlich ist mein Freund immer gerne auf Geschäftsreise gefahren. Das waren ein paar Tage im Monat, an denen er sich mit seinen lustigen Kollegen aus England oder Italien auf Spesen durch die besten Restaurants der Stadt futtern konnte. Doch diesmal klingt er angeschlagen, als er mich vom Flughafen anruft. Wir verabreden uns in meinem Café. „Bestell mir schon mal ein Getränk. Was, ist egal, Hauptsache, es enthält viel Alkohol", bittet er mich. Nachdem er den ersten Long Island Iced Tea in einem Zug geleert hat, fängt er an zu erzählen. „Immer, wenn ich einen Anruf aus dem Chefbüro bekomme, zucke ich zusammen", sagt er. Dann befürchtet er, dass er wieder auf Dienstreise geschickt wird. „In meiner Firma nennen sie das schon die Todesflüge. Wenn ich irgendwohin muss, wird die Gesellschaft kurz darauf mit ziemlicher Sicherheit dichtgemacht."

Diesmal sei es besonders schlimm gewesen. Der Geschäftsführer der Tochtergesellschaft in Bari hätte Tränen in den Augen gehabt. „Er hat mich immer wieder gefragt, wie er das seinen Leuten erklären soll. In Süditalien gebe es ja keine Jobs", stöhnte er. Das habe er sich nicht vorgestellt, als er vor zwei Jahren seinen ersten Job angetreten habe. Jetzt denke er über einen Ausweg nach. Rocco hat auch schon eine Idee. „Bewirb dich doch als Lehrer, die werden schließlich händeringend gesucht", schlägt er vor. Dann müsse er in Zukunft niemanden mehr herauswerfen – außer vielleicht ungezogene Schüler aus dem Klassenzimmer.

Meine Großmutter hat sich mit Blick auf ihre Cousine schon immer darüber lustig gemacht, dass einige Menschen mit zunehmendem Alter immer heiliger werden. Anscheinend trifft das auch auf Rocco zu. Als Jugendlicher noch stiller Sympathisant der Roten Brigaden, hat er sich nun zum eifrigen Kirchgänger entwickelt.

Dass er sogar den „Osservatore Romano" liest, erstaunt mich dann aber doch. Es vergeht kaum eine Woche, in der er nicht aus der offiziellen Zeitung des Vatikans zitiert. Diesmal hat seine Geschichte jedoch einen gewissen Unterhaltungswert: „Der Vatikan fordert Banker auf, sich in Finanzdingen in Zukunft an die Regeln der Scharia zu halten", sagt er. Der VWL-Student und ich schütteln ungläubig die Köpfe. Aber in der Papst-Postille steht wirklich, dass die westliche Welt als Lehre aus der Krise in Zukunft stärker auf islamische Finanzprodukte setzen solle.

„Ob da wohl bald eine Großfusion auf uns zukommt?", fragt der VWL-Student ketzerisch. Bei der Zusammenlegung von Christentum und Islam ließen sich schließlich unglaubliche Synergien heben. „Ich denke da nur an ein gemeinsames Forschungszentrum zur Widerlegung des Holocaust", sagt er. Mit Bischof Williamson und Irans Präsidenten Ahmadineschad hätte man schließlich schon zwei hervorragende Kandidaten für eine Doppelspitze. Bevor der VWL-Student weiter sinnieren kann, fährt Rocco ihm jedoch über den Mund. In seinem Lokal sei für Gotteslästerer kein Platz, sagt er ungewohnt scharf. Und tatsächlich lenkt der VWL-Student ein. Scheinbar zumindest. Zu einer Fusion werde es ohnehin nicht kommen, da brauche Rocco sich gar nicht so aufzuregen: „Die Klöster wollen sich mit einem Alkoholverbot doch nicht ihr Brauereigeschäft kaputtmachen lassen“, behauptet er.

Die Friseurin hat eine neue Strategie zur Krisenbewältigung. Sie sucht einen reichen Mann. Dafür hat sie im Internet eine Heiratsanzeige aufgegeben, deren Text ungefähr Folgendes besagt: Atemberaubend hübsche und charmante Dame sucht einen Mann aus der Finanzbranche, Mindestgehalt 300.000 Euro im Jahr. Als Gegenleistung bekomme er eine Lady von Welt, die auch in den hochstudiertesten Kreisen präsentierbar sei. Nur ernstgemeinte Heiratsangebote würden beantwortet. „Warum suchst du denn in diesen Zeiten ausgerechnet einen Banker?", frage ich. Aber die Friseurin hat sich alles genau überlegt: „Ich werde nicht nur abgesichert, sondern hole mir über seine Boni auch noch einen Teil meines Steuergeldes zurück", erklärt sie.

Die Antwort lässt nicht lange auf sich warten. Ich bin mindestens ebenso neugierig wie die Friseurin, als wir die E-Mail von Bernie M. für Classy Lady öffnen. „Mit einem Jahresgehalt von 500.000 Dollar entspreche ich genau Deinen Vorstellungen", schreibt er. Ein Glücksgriff? Erst einmal weiterlesen. „Du schlägst also ein Geschäft vor: Ich soll mein Vermögen einbringen und Du Dein Aussehen. Dabei gibt es nur ein Problem: Mein Vermögen wird mit der Zeit wachsen, Deine Schönheit jedoch verblassen. Du verlierst für mich also an Wert. Da ich die Zukunft handele, bist Du eher eine Verkaufs- als eine Halte- oder gar Kaufposition. Es ist deswegen sinnvoller, Dich zu mieten, anstatt Dich zu kaufen. Mein Angebot lautet: Affäre ja, Hochzeit nein."

Nachdem die Friseurin die E-Mail gelöscht hat, bestellt sie sich einen Grappa. Dann noch einen. Ich überlege mir, ob sich der VWL-Student vielleicht einen Spaß erlaubt hat. Aber die Vermutung behalte ich lieber für mich.

Fast bin ich wieder zu spät dran. Dabei hatte ich mir dieses Jahr geschworen, meinen Sommerurlaub rechtzeitig zu buchen, nachdem ich im vergangenen Jahr über Nuuk, Halifax und Atlanta nach Costa Rica fliegen musste. Erst einmal müssen meine Freundin und ich uns aber auf ein Reiseziel einigen. „Was hältst du von Norwegen?“, fragt sie. „Wollen wir nicht lieber nach Schweden?“, lautet meine spontane Gegenfrage. Sie runzelt die Stirn. Ob ich da nicht gerade erst gewesen sei? „Ja, aber Schweden ist im Moment relativ gesehen viel billiger, weil die Krone so stark gefallen ist“, lautet meine ehrliche Antwort. Eine Sekunde später schäme ich mich allerdings dafür. Hatte ich mich doch in der vergangenen Woche furchtbar über den VWL-Studenten und seinen Krisen-Tourismus aufgeregt.

Angefangen hatte sein neuer Tick in London. Einmal im Jahr fährt er dorthin, um seinen Bruder zu besuchen. Das letzte Mal kam er ganz begeistert zurück, weil er sich mittlerweile sogar leisten konnte, U-Bahn zu fahren und im Restaurant zu essen. Auf einmal tauchten Reiseziele auf seiner persönlichen Weltkarte auf, von denen die Friseurin noch nicht einmal wusste, wo sie lagen. „Stellt euch vor, der Swasiland Lilangeni ist um 30 Prozent gefallen und der lesothische Loti sogar noch mehr“, erzählte er begeistert. Zunächst einmal wollte er jedoch von der Währungsschwäche in Osteuropa profitieren und plante eine Reise nach Ungarn, Polen und in die Ukraine. „Da kannst du dir dann ja auch gleich eine Ehefrau mitbringen", kommentierte Rocco. Der VWL-Student war von der Idee sofort begeistert. „Super Idee, im Moment könnte ich mir sogar eine Luxus-Hochzeitsreise leisten!" Schließlich sei die Seychellen-Rupie um fast 50 Prozent eingebrochen.

Ich kann mein Glück kaum fassen: Eine halbe Stunde sitze ich mit meinem Bankerfreund im Café, ohne dass ein einziges Mal sein Handy klingelt. Genau das bereitet ihm Sorgen. „Mich rufen kaum noch Kunden an." Er habe schon seine Mutter verpflichtet, sich stündlich zu melden, damit sein Chef nicht misstrauisch wird.

Plötzlich wird mir klar, warum er Zeit für ausgedehnte Mittagessen hat und stündlich sein Facebook-Profil aktualisiert. „Eigentlich wäre mein Job an zwei Tagen die Woche erledigt." Doch so schnell gibt er nicht auf. Er hat eine unglaubliche Kreativität entwickelt, um zu zeigen, dass er nicht überflüssig ist. Die letzte E-Mail an seinen Chef sendet er nie vor zwei Uhr morgens, den Pförtner hat er bestochen, damit er nachts im Büro das Licht brennen lässt. Selbst in den Betriebsrat will er. Ich beruhige ihn: „Du hast so viel gearbeitet, dass du dir ein bisschen Ruhe gönnen kannst." Aber er schüttelt den Kopf: „Nichtstun macht nur dann Spaß, wenn man eigentlich viel zu tun hätte!"

Der VWL-Student leidet wieder an Internetitis. Das ist eine chronische Krankheit, die immer dann auftaucht, wenn er sich vorgenommen hat, endlich mit seiner Diplomarbeit zu beginnen. Die Symptome dieser Krankheit sind immer die gleichen: Er sitzt den ganzen Tag am Laptop im Café und trinkt einen Espresso nach dem anderen. Morgens packt er mit großem Brimborium einen riesigen Stapel Bücher aus, die er abends still und leise wieder in der Tasche verstaut. Die Zwischenzeit füllt er damit, im Internet zu surfen. Die Videos auf Youtube kann er mittlerweile nachspielen, und mit jedem Twitterer ist er per du.

Heute hat er eine Kampagne entdeckt, bei der wir unbedingt mitmachen sollen. Unter der Überschrift „Thank you third world" kann man ein Foto von einem Produkt hochladen, das in der Dritten Welt gefertigt wurde. Damit soll man sich dann bei den Menschen, die es unter üblen Arbeitsbedingungen hergestellt haben, bedanken. Ich kann mich nicht so recht entscheiden, ob ich die Aktion zynisch oder pathetisch finde, aber weil der VWL-Student so insistiert, mache ich schließlich mit.

Ich schicke ein Foto von meinem Lieblingsshirt von H&M – made in Bangladesch – ins Web. Rocco hat sich für ein Bild von seinem Lieblingsespresso entschieden. Die Bohnen stammen aus Ruanda. Nur die Friseurin weigert sich. Sie besitze nur italienische Designermode, behauptet sie.

 Der VWL-Student blickt sie ungläubig an. „Du glaubst doch nicht wirklich, dass deine Prada-Taschen und Gucci-Gürtel, die du in Bangkok auf der Straße gekauft hast, in norditalienischen Ledermanufakturen gefertigt wurden?“, fragt er. Doch sie bleibt standhaft.

Irgendwann gibt der VWL-Student entnervt auf, aber nicht ohne der Friseurin noch einen Seitenhieb zu verpassen. „Du könntest auch ein Foto von deiner Frisur einschicken“, schlägt er vor. Schließlich habe sie ihre Haarpracht nur Extensions aus indischen Frauenhaaren zu verdanken.

In der vergangenen Woche war ich mit der Friseurin im Kino. Sie wollte den einen Film sehen, ich den anderen; am Ende haben wir uns auf einen dritten Film geeinigt, den wir beide nicht sehen wollten. Nachdem sie erst eine Viertelstunde nach Vorstellungsbeginn eingetroffen war, bestand sie noch darauf, sich an der Riesenschlange vor dem Getränkestand anzustellen, um sich Popcorn (auch noch salziges – igitt!) zu kaufen. Mein wiederholtes Drängeln entkräftete sie mit dem Argument, am Anfang laufe doch ohnehin nur Werbung. Von wegen! Als wir uns endlich zu unseren Plätzen vorgearbeitet hatten, war der Film schon zu einem Drittel gelaufen.

Beim Absacker in unserem Café erzählte der VWL-Student, dass vielleicht schon bald ganz Schluss mit Kinowerbung sei. „Da die Erlöse ohnehin eingebrochen sind, überlegen immer mehr Kinos, die Reklame einfach wegzulassen und stattdessen die Kartenpreise anzuheben", sagte er. Ich war entsetzt. Das akademische Viertel der Unterhaltungsindustrie ist für mich heilig! Schon allein deswegen, weil ich im Werbespot-Raten nahezu unschlagbar bin. Außerdem ist die Werbephase unentbehrlich, um noch schnell den letzten Tratsch auszutauschen. Dieses ganze Gemurmel würde – ebenso wie das Popcorn-Knacken und Strohhalm-Schlürfen – sonst unweigerlich in den Hauptfilm getragen. Der VWL-Student sah das selbstverständlich anders. „Ich finde das eine großartige Idee. Sonst ist man zu Beginn des

Hauptfilms immer schon visuell überreizt!" Im Konzert gebe es vorher schließlich auch keine Schallplatten-Reklame.

Rocco hatte einen sehr viel pragmatischeren Ansatz. „Wenn die Kinowerbung wegfällt, sind die Leute früher in der Kneipe." In Zeiten wie diesen könnte auch ruhig einmal jemand an die Gastronomen denken!

Einheimische am Urlaubsort sind kein Reisemangel

Vielleicht hätte sie ja doch Lust auf ein Bistecca alla fiorentina, versucht Rocco zu locken. Und danach eine Portion Tiramisu? Doch die Friseurin verlangt Schnitzel mit Bratkartoffeln und ein Kompott. „Wenn du 10 Tage lang diesen Clubhotel-Fraß gegessen hättest, würdest du auch auf deutsche Hausmannskost bestehen", behauptet sie. Überhaupt sei der ganze Türkei-Urlaub eine Zumutung gewesen. „Die Engländer waren ja früher schon schlimm – aber erst die Russen", raunt sie mir zu. Das Buffet hätte der Iwan jeden Abend binnen fünf Minuten verwüstet. Danach sei es aber erst losgegangen: mit Wodka aus Eimern und Gesängen bis tief in die Nacht. Und die Frauen – diese Nataschas würden gar keine Schamgrenzen kennen, sagt sie und nestelt an ihrem Minirock. Der VWL-Student stellt das Schnitzel schwungvoll auf den Tisch: „Die Finanzkrise hat ja auch so ihre Vorteile", behauptet er. „Bald muss der deutsche Spießer seine Urlaubs-Destinationen nicht mehr mit Schwellenland-Parvenus teilen!" „Das wäre schön", seufzt die Friseurin. Aber dann seien dort ja immer noch die Einheimischen! Den ganzen Tag hätten sie am Strand vor dem Hotel herumgelegen, Knoblauch gefuttert und laut gelacht. Ihre Freundin habe nach einem missglückten Tunesien-Urlaub schon einmal versucht, dagegen zu klagen. „Aber stellt euch vor: das Gericht hat entschieden, die Präsenz von Einheimischen am Urlaubsort sei kein Reisemangel."

Wenn ich nach Feierabend noch einen wichtigen Anruf erwarte, stelle ich den Telefonanschluss in der Redaktion immer auf mein Handy um. Das passiert ziemlich häufig, denn eigentlich ist ja jeder Anruf wichtig. Vor zwei Tagen hat das nicht funktioniert, denn das T-Mobile-Netz ist in ganz Deutschland für mehrere Stunden ausgefallen. Und die Rückmeldung von der PR-Frau wegen des Interviews in drei Wochen? „Morgen ist auch noch ein Tag", denke ich mir und fühle mich ein bisschen wie im Urlaub, als ich mich auf mein Fahrrad schwinge, um in meinem Café noch einen Feierabend-Pinot zu trinken. Für alle Fälle hinterlasse ich noch die Festnetz-Nummer von Rocco – man weiß ja nie.

In meinem Café herrscht Stimmung wie bei einem Stromausfall. Die meisten Gäste sitzen unentschlossen herum und warten darauf, was passiert. Einige blicken unablässig auf ihr Handy, so als könnten sie nicht glauben, dass es einfach nicht mehr klingelt. Ein Banker regt sich furchtbar auf und droht, er werde T-Mobile verklagen, weil ihm genau jetzt ein Millionengeschäft durch die Lappen gehe. „Bei dem ruft doch sowieso keiner mehr an", raunt der VWL-Student mir zu und grinst dabei gehässig. Am schwersten trifft das Kommunikationsloch aber die Friseurin. Sie habe vor drei Wochen im Urlaub einen Typen kennengelernt, der sich bestimmt genau jetzt bei ihr melden wolle, jault sie und drückt panisch auf den Tasten ihres Telefons herum.

Irgendwann ist der VWL-Student so genervt, dass er mit sanftem Druck ihr Handy konfisziert. Als um 20 Uhr das Netz wieder funktioniert, bin ich fast ein bisschen enttäuscht. Wir hatten gerade angefangen, Doppelkopf zu spielen, als auf einmal alle herausstürzen, um wichtige Anrufe zu tätigen.

Aus meiner Studienzeit in Heidelberg bin ich einige Kantinen-Kuriositäten gewohnt. In der Uni-Mensa wurde als vegetarisches Gericht mit Vorliebe „Chili con carne ohne Fleisch" angeboten. Während man in dem Fall auf eine Übersetzung aus dem Spanischen wohl bewusst verzichtete, um keine Verwirrung unter den Studenten zu stiften („Hä? Ist das jetzt mit oder ohne Fleisch?"), nahm der Speiseplan-Poet es in einem anderen Fall mit der Reinheit der deutschen Sprache ganz genau. Was sich unter der dicken Panade des „Putenschnitzels blaues Band" verbarg, erschloss sich mir erst, als ich es aufschnitt und eine dickflüssige Käse-Schinken-Füllung herausquoll.

In der Heidelberger Mensa lernte ich auch die Dechiffrierung nationaler Attribute in den Speiseplänen: Begleitet ein Gericht das Adjektiv „serbisch", sind garantiert Bohnen drin. Flämische Soßen sind immer mit Sahne und Käse, und „indisch" ist ein Hinweis auf Dosen-Ananas.

Trotzdem waren der VWL-Student und ich überrascht, dass das „Tagesessen 1" ausgerechnet „Schweineschnitzel mexikanische Art" hieß, als wir uns am Donnerstag zum Mittagessen in einer Frankfurter Mensa trafen. Da verging uns dann doch der Appetit, obwohl wir als geübte Kantinenesser natürlich wissen, dass „mexikanisch" bloß ein Hinweis auf Mais ist und man die Schweinegrippe nicht vom Fleischverzehr bekommt. Stattdessen entschieden wir uns für einen Teller Nudeln bei Rocco. Der feilte mit seinem Computer-Übersetzungsprogramm gerade an einer neuen Speisekarte, denn für Mai sind spanische Wochen geplant. Zum Glück kamen wir noch rechtzeitig, um zu verhindern, dass die kanarischen Salzkartoffeln „papas arrugadas“ mit dem deutschen Untertitel „verschrumpelte Päpste“ in den Druck gingen.

Der VWL-Student leidet. Dafür gibt es immer zwei untrügliche Indizien: Zum einen ist er noch mürrischer als sonst, und zum anderen schmeckt der Espresso so bitter, dass man ihn kaum herunterbekommt. Diesmal ist es jedoch ein bisschen anders als sonst. Sein Leiden liegt nämlich nicht in einem diffusen Weltschmerz begründet, sondern hat einen konkreten Grund. Der VWL-Student wurde von seiner Freundin verlassen. „Unüberbrückbare Differenzen", raunt Rocco mir vielsagend zu. Sie hätten vor allem darin bestanden, dass sie vor einem Jahr Diplom gemacht hat, während er noch immer nach einem Thema sucht.

Die Friseurin guckt mindestens ebenso traurig wie der VWL-Student. „Dabei war sie seine große Liebe", sagt sie und ballt ihre Fäuste vor der Brust zusammen, so wie Schlagersänger es immer tun, kurz bevor die Streicher einsetzen. Er habe das zwar nie gesagt, aber eine Frau spüre so etwas.

Leider war ihre Analyse einen Tick zu laut hervorgebracht, und der VWL-Student wird hellhörig. „So ein Quatsch", geißelt er unsere küchenpsychologische Runde. Erstens sei sie ihm nur zuvorgekommen, und zweitens sei er ohnehin Anhänger eines kritischen Rationalismus – auch in der Liebe. „Was?", fragen Rocco, die Friseurin und ich gleichzeitig. „Na ja, jede große Liebe ist eben einfach nur eine Arbeitshypothese, die so lange besteht, bis sie widerlegt wird", erklärt er. Das sei die wichtigste Erkenntnis, die er aus dem Hauptseminar über Poppers Falsifikationismus mitgenommen habe. Eine Erkenntnis, die er seiner Exfreundin übrigens voraushabe. Denn er widme sich ja noch seiner Geistesbildung, während sie sich schon für den schnöden Mammon abstrample!

Als er die Friseurin sieht, verlässt der VWL-Student grußlos das Café. „Was ist denn hier los?“, frage ich die Friseurin. „Och, der ist bloß ein bisschen beleidigt“, antwortet sie. Als er das letzte Mal in ihren Salon gekommen sei, habe sie ihm gesagt, sie würde ihn nur bedienen, wenn er sich eine Dauerwelle oder Strähnchen machen lasse. „An einem Herrenhaarschnitt für 15 Euro verdiene ich doch nichts“, stöhnt sie. Deshalb habe sie sich auf Demarketing verlegt.

„Was soll das denn sein?“, frage ich und ernte einen lehrbuchreifen Vortrag: Demarketing ist der allerneueste Marketingtrend! Die Idee ist, durch den Ausschluss von unrentablen Kunden die Profitabilität eines Unternehmens zu steigern. Kunden mit schlechtem Image werden vertrieben. „Der VWL-Student soll nicht mehr meine Frisur tragen“, erklärt sie. Ihre Hochstimmung hält aber nur so lange an, bis Rocco sie bittet, das Café zu verlassen, wenn sie nicht etwas für 20 Euro bestelle. „Demarketing“, sagt er achselzuckend.

Gestern war ich bei Karstadt. Eher aus Neugier als aus Kauflust, denn ich wollte ergründen, ob die direkte Konfrontation mit der möglichen Auflösung der Kaufhauskette ein Gefühl der Leere in mir verursacht. Schließlich wurde in den vergangenen Wochen immer behauptet, Karstadt sei das Herz der City. Wenn das stimmte, wären die deutschen Innenstädte schon längst den Kreislauftod gestorben, denn Karstadt liegt schon seit Jahren im Konsum-Koma. Deswegen rührte sich bei mir auch nichts, noch nicht einmal ein nostalgisches Gefühl. Ich empfand nur Mitleid mit den tapferen Angestellten, die weiter Pralinen abpackten und Strümpfe sortierten, als sei trotz Insolvenz ein Arbeitstag wie jeder andere. Und eine gewisse Beklemmung, die ich immer im Kaufhaus spüre und die sich erst wieder draußen löst. Denn ich bin mir sicher: Karstadt wurde nicht totgespart oder totgewirtschaftet, sondern totgespießt. Ich frage mich, wann sich diese stolzen Kathedralen des Konsums in Destillen der Spießigkeit verwandelt haben. Beim Betreten breitet sich nicht mehr die große weite Welt vor einem aus, sondern der kleinste gemeinsame Nenner. Staunen können höchstens noch die Kinder in der Spielwarenabteilung.

Ich kaufte mir eine Tafel Schokolade und floh vor der Tristesse in mein Café, um dort meinen Abend-Espresso zu trinken. „Warum hat Karstadt keine Zukunft gehabt?“, fragte ich in die Runde. Für Rocco war die Antwort ganz klar: „Zu Beginn des Jahrhunderts haben die Kaufhäuser den klassischen Einzelhandel verdrängt, und jetzt verdrängt der Einzelhandel wieder die Kaufhäuser. So ist das eben im Kapitalismus: Auge um Auge, Zahn um Zahn!“

Rocco ist verzweifelt. Sein feines Wirtschaftsgespür funktioniert nicht mehr, obwohl es doch auf seinem gesunden Menschenverstand beruht, auf den er sonst immer so stolz ist! „Ich fühle mich wie ein Hund, der zu viele Fährten in der Nase hat", sagt er betrübt. Nichts will mehr zusammenpassen. Im Radio werde jeden Tag der Weltuntergang gepredigt: Wir stecken in der schlimmsten Wirtschaftskrise seit Jahrzehnten, Hertie ist pleite, Opel ist es fast. Politiker prophezeien soziale Unruhen, das deutsche Bruttoinlandsprodukt ist so schlecht wie seit Menschengedenken nicht mehr.

Auf der anderen Seite hat noch keiner seiner Freunde den Job verloren, die Innenstädte sind am Samstag so voll wie immer, und auch sein Kaffeeabsatz ist noch nicht gesunken. „Okay, vielleicht bestellen die Leute jetzt eher das italienische als das Champagnerfrühstück, aber der Umsatzeinbruch wegen des Rauchverbots war schlimmer", sagt Rocco. Und dann erst die Aktienmärkte! Da geht's seit Wochen nach oben, vor allem sein China-Aktienfonds hat seit Jahresbeginn deutlich zugelegt. „Was ist denn jetzt los? Geht die Welt unter oder nicht?", fragt er den VWL-Studenten. Der weiß auch gleich eine Antwort: „Der Arbeitsmarkt ist ein nachlaufender Indikator, und die Börsianer sind wie Waschweiber", behauptet er. „Die schöpfen ihren Optimismus nur aus Küchenpsychologie!" Allein auf die Ökonomen könne man sich verlassen. Solange sie den

Aufschwung nicht mit harten makroökonomischen Daten belegen könnten, sei der Aufschwung nur eine Blase. Rocco überlegt einen Moment. „Warum soll ich den Volkswirten jetzt vertrauen, wenn sie bei der Voraussage der Krise so versagt haben?", fragt er dann. Da warte er doch lieber auf die Rückkehr seines gesunden Menschenverstands.

Judith Lembke wird 1978 in Hamburg geboren. Während ihrer Schulzeit trinkt sie lieber grünen Tee als Kaffee, obwohl sie ihre Lust am Geldausgeben mit einem Kellnerjob im Café finanziert. Auf den Geschmack kommt sie erst während ihres Studiums in Heidelberg. Beim Lernen für VWL-Klausuren und Formulieren von Geschichts-Hausarbeiten trinkt sie literweise Milchkaffee. Während ihres Volontariats bei der Frankfurter Allgemeinen Zeitung findet sie kaum Zeit für ausgiebige Cafébesuche und hält sich mit dem firmeneigenen Kaffeeautomaten über Wasser. Seit sie als Redakteurin im Wirtschaftsressort für die Werbebranche zuständig ist, beneidet sie die Werber heimlich um ihre italienischen Espresso-Maschinen, die zum Inventar jeder guten Agentur gehören. Als sie 2006 beginnt, die Kolumne „Neulich in meinem Café" für die Frankfurter Allgemeine Sonntagszeitung zu schreiben und dann auch noch anfängt, über Rohstoffe (unter anderem Kaffee!) zu berichten, hält sie es für ihre vornehmste Journalistenpflicht, vor Ort im Café zu recherchieren.

Nadine Oberhuber

Kassensturz

Wie aus weniger wieder mehr wird
Gute Tipps für harte Zeiten

200 Seiten. Flexcover.
17,90 € (D), 31,90 CHF*
ISBN 978-3-89981-204-6

Gerald Braunberger

Keynes für jedermann

Die Renaissance des
Krisenökonomen

264 Seiten. Flexcover.
17,90 € (D), 31,90 CHF*
ISBN 978-3-89981-203-9

Hanno Beck

Das kleine Wirtschafts-Heureka

Ökonomische Geistesblitze
für zwischendurch

224 Seiten. Flexcover.
*17,90 € (D)**
ISBN 978-3-89981-189-6

Michael Best

Kapitalismus reloaded

Wohin wir nach dem Debakel
steuern müssen

240 Seiten.
Hardcover mit Schutzumschlag.
24,90 € (D), 42,80 CHF*
ISBN 978-3-89981-202-2

** zzgl. ca. 3,– € Versandkosten bei Einzelversand im Inland.*
Sämtliche Titel auch im Buchhandel erhältlich!

Frankfurter Allgemeine Buch